デジタル改革と
マイナンバー制度

情報連携ネットワークにおける人権と自治の未来

稲葉一将・内田聖子 著

自治体研究社

はしがき

　行政を含む社会全体のデジタル化は、私たちの日常生活が有する地域性に変質をもたらして、また良き裁量の機械的な抑制によって他者への関心や共同性が希薄にもなり、さらには個人が利活用される情報資源へと分解されるといった、多くの様々な問題点を含んでいます。しかし、これらの問題点のどれが比較的はっきりとあらわれてくるのかは、それぞれの国家や社会によって一様ではありません。

　相互に対立しがちなアメリカと中国との中間に位置する日本は、巨大な多国籍企業が存在するアメリカとは異なり、地方自治体を含む行政が個人情報を保有してきました。中国政府や企業による監視技術の利活用に対する批判は少なくありませんが、アメリカとの経済を含む安全保障によって中国との対立が強調される場合には、日本においても国家施策としての「デジタル改革」が行われるようになるでしょう。こうして、日本の国際的な位置関係が国内施策にどのような影響を及ぼすことになるのかにも注意する場合には、多国籍企業に対する規制がアクチュアルな問題となっている欧米社会とは異なり、日本における国家施策としての「デジタル改革」が検討対象になって、したがってこの国家施策との関係における地方自治が喫緊の問題になると考えられます。

　そこで、既に自治体研究社からは、白藤博行・自治体問題研究所編『デジタル化でどうなる暮らしと地方自治』（2020年）、本多滝夫・久保貴裕『自治体DXでどうなる地方自治の「近未来」―国の「デジタル戦略」と住民のくらし―』（2021年）、庄村勇人・中村重美『デジタル改革と個人情報保護のゆくえ―「2000個の条例リセット論」を問う―』（2022年）が、相次いで出版されてきました。デジタル化を推進する国家施策の動向とともに、それと地方自治との関係が一貫して問われて

きたのです。

　以上の書籍には、共通の論題がいくつか含まれていますが、その一つがマイナンバー制度でした。なぜなら、集団のなかの個人を識別しつつ、分散して管理されている個人に関する情報を連携して集めて、その解析を経て政策立案に利活用するためには、共通基盤の整備が条件になるからです。こうして、マイナンバー制度の現状分析を行う必要性がありました。そこで、日本におけるその共通基盤であるマイナンバー制度を素材にしながら、「デジタル改革」を推進するためには「マイナンバー制度」が整備され、「マイナンバー制度」が整備されることで、「デジタル改革」も一層推進される構造を述べようとするのが、本書です。

　さて、「デジタル改革」と「マイナンバー制度」との相互作用に注意する場合には、デジタル庁のデジタル大臣決定によって、2021年10月以降に開催されるようになった「マイナンバー制度及び国と地方のデジタル基盤抜本改善ワーキンググループ」の情報が有益です。この第3回（2022年3月17日）では、「利用者目線の行政サービス実現に向けたトータルデザインの検討について」と題する資料が掲載されました。そこでは、「デジタル社会の進展と社会環境の変化」という項目（16頁）において、「①自らの情報のデジタル活用の広がり」が、「②データ連携する関係主体の多様化」と「③デジタルデータの活用環境の進展」を生み、「④個々人の多様なニーズへの対応」が見込まれるという趣旨が述べられました。ここで示されたのは、オンラインでの電子証明書を利用した本人確認や入口（ポータル）機能の強化とともに、個々人の多様なニーズに対応するために、多主体を情報ネットワークで接続して行われる情報連携機能が強化されるべきである、という論理関係でしょうか。

　しかし、「利用者目線」での「多様なニーズへの対応」といいますが、

情報連携機能の強化によって、従来存在する（国と地方自治体、行政と民間事業者等の）組織と事務（業務）そして区域（地域）の違いが、国家によって基盤が整備される情報連携ネットワークに溶解して変質しうる可能性も、皆無だとまでは断言できないでしょう。このように理解する場合には、そこには地方自治による多層での人権保障との矛盾や対立という問題も生まれてくるはずですが、なぜかこのような問題は検討されていません。検討されてよいはずの問題をここで扱うという問題意識でもって、本書に「情報連携ネットワークにおける人権と自治の未来」という副題を付すことにしました。

　以下、本書の内容を簡単に紹介しておきましょう。第Ⅰ部の稲葉一将「マイナンバー制度の拡大と地方自治の未来」は、もともと行政手続における個人の識別を目的として整備されていたマイナンバー制度が、「デジタル社会」の「形成」過程で量的に拡大し、かつまた質的に強化され、反対に、このようなマイナンバー制度の拡大や強化が「デジタル社会」の「形成」を促すという構造を発見する意図で、書かれています。このようなマイナンバー制度を分析することで、①マイナンバー、②マイナンバーカード、③マイナポータルという三つの構成要素が相互に作用する制度としてマイナンバー制度が捉えられます。この分析の結果、①から③の順で国による立法的規律が弱くなりますが、だからこそ、住民がその生活に必要な役務を得るために、また個人に関する情報を保護するためにも、多層で人権を保障する地方自治がますます重要になる論理構造が示されます。

　第Ⅱ部の内田聖子「住民のためのデジタル化へ―海外の市民運動と自治体に学ぶ―」は、国主導によって一様の「デジタル社会」が「形成」されようとしている日本の現状に対して、それぞれの区域で住民と地方自治体が多様に形成する、もう一つのデジタル化のありようを、カナダのトロント市、スペインのバルセロナ市、アメリカのサンフラ

ンシスコ市など、海外事例に即して述べるものです。これらの海外事例は、それぞれ内容や経緯は異なりますが、地方自治の実践のなかから民主主義的にデジタル社会を形成しようとする努力が行われているという点で、共通するところがあります。日本への教訓として、地方自治体の職員と住民がデジタル技術の長所と短所をともに学び、そのなかで本当に必要なものを採用していくための民主主義的な意思決定の重要性とともに、「媒介者」としての「ソーシャル・テクニカル・ワーカー」の必要性が提起されています。

　いずれにせよ、国が「デジタル社会」を「形成」するそのプロセスにおいて、生活者である私たちは、「利便性の向上」と引き換えに自らの情報を提供するばかりで、自らの主体性を発揮できるシステムが整備されていないことに気づかされます。このため、マイナンバー制度に対する法律や条例による立法的規律、マイナンバーを含む特定個人情報、個人識別情報さらには個人に関する情報の多元的な保護と救済といった個々の諸問題が、山積しています。しかし、本書は、問題発見や論点提示を試みるにとどまりますので、個々の問題点の分析やそれぞれについてのより立ち入った考察を、それぞれの現場で多様に試みてほしいと願います。その際には、小著ですが、本書が今後の実践と理論的考察にとって、いささかなりとも活用されるものになれば、幸いです。

　2022 年 4 月

　　　　　　　　　　　　　　執筆者を代表して　稲葉一将

「デジタル改革とマイナンバー制度」
―情報連携ネットワークにおける人権と自治の未来―

目　次

I　マイナンバー制度の拡大と地方自治の未来

稲葉一将

1　マイナンバー「制度」の構成要素

⑴　奇妙な語句の「マイナンバー」

　このところ総務省は、複数のタレントを起用して、「え？まだ？そろそろ、あなたもマイナンバーカード」という広告を繰り返して、マイナンバーカードの交付申請を促しています。もちろんこのような広告にも公金が使われているのですから、国民・住民に対して、広告費用の金額、契約の手続と相手方といった情報もあわせて公開してほしいと願いますが、このことは措くとして、政府広告の成果も手伝ってか、普段から「マイナンバー」という語句に違和感なく生活するようになってきている国民・住民は、少なくないのかもしれません。

　この「マイナンバー」という語句は、いつから使われるようになったのでしょうか。2011 年 6 月 30 日に、当時設置されていた「政府・与党社会保障改革検討本部」の第 6 回会合において、「ID 番号」や「日本国民番号」といった複数の候補のなかから、民間有識者の推薦を得て、「マイナンバー」という愛称が決定されたのでした。

　私は国語の専門家ではありませんから語感にこだわるのは若干恥ずかしいのですが、それでも、「マイナンバー」という語句は奇妙に思われることを述べずにはいられません。「マイナンバー」というのは、日本語に直せば「私の番号」というくらいの意味でしょう。しかし、私たちが自分で自分に番号を付けることは、ありません。もともと番号というのは集団のなかで個々を識別する必要がある場合に、その集団

1　総務省ウェブサイト（https://mynumbercard.soumu.go.jp/gallery/）。
2　政府・与党社会保障改革検討本部第 6 回会議「資料 5」の『『番号』の名称案について」（https://www.cas.go.jp/jp/seisaku/syakaihosyou/index.html#kentouhonbu）を参照。

を構成する個人に対して付けるもので、個人の側は受け身で番号を付けられる客体に位置します。付番という行為は、これがあなたの「ユアナンバー」だと、個人の意思とは関係なく与えるものであって、いわば一方的な性格を有するのです。

　君主制であればともかく、民主主義の政治体制が採用されている場合には、何のために個人を識別する必要があるのか、その必要性が国民・住民というよりもむしろ主権者から厳しく問われます。しかし、その主権者の側が「マイナンバー」という語句を日常生活で使うようになると、付番の主体と客体が曖昧になり、国家から主権者が識別されるという一方的な性格も曖昧になってしまうような気がします。

　以上で述べたような違和感は、もしかすると私だけの感覚かもしれませんからこれ以上述べませんが、いずれにせよ「マイナンバー」というのは俗称です。法律では、これは「個人番号」というのが正しい用語です。「行政手続における特定の個人を識別するための番号の利用等に関する法律」（2013年法律第27号。以下では、「番号法」と略します）に基づき、住民票を有する住民の「住民票コード」を変換して得られる番号のことで、住民票を有する住民を識別するために指定される番号のことです（同法2条5項）。

　本書でも、正確には「個人番号」の語句を用いるべきですが、しかし、「マイナンバー」の語句が、このことの適否はともかくとして一般に普及していると思われますので、ここでも以下、便宜的に「マイナンバー」という俗称を用いることにします。

　⑵　マイナンバー「制度」の構成要素

　マイナンバーは、番号の一種です。それではこの番号は何のために利用されるのでしょうか。この制度全体を、本書ではこれも便宜的に「マイナンバー制度」ということにします。

　さて、マイナンバー制度は、①マイナンバー（繰り返しますが、正

確には「個人番号」です）、②マイナンバーカード（これも、法律用語は「個人番号カード」）、③マイナポータル（同様に、「情報提供等記録開示システム」）という三つから成り立っています。そこで、①から③までの全体をマイナンバー制度ということにして、それぞれが全体を構成する三つの要素だと理解します。三つの要素のそれぞれの特徴を確認するところから、以下、述べます。

①　マイナンバー

まず、マイナンバーは、市区町村の長が住民票に住民票コードを記載したときに「指定」し、当該住民に通知しなければならない番号です（番号法7条1項）。マイナンバーの「生成」は、地方公共団体情報システム機構（以下では、「J-LIS」と略します）が行いますので、J-LISから市区町村の長に通知されたマイナンバーとすべき番号が「指定」される仕組みです。マイナンバーの「生成」の要件には、住民票コードを変換して得られるものであること等が定められていますが（同法8条2項1号から3号まで）、政令に委任されています。マイナンバーが12桁の番号であることは、「行政手続における特定の個人を識別するための番号の利用等に関する法律施行令」（2014年政令第155号。以下では、「番号法施行令」と略します）8条に定められています。

マイナンバーを何のために用いるのかといえば、行政手続における添付書類を不要とする代わりに、行政手続を行う行政機関等の組織が行政手続を行う本人の個人情報を照会し、これに対して他の組織が本人の個人情報を提供することがその目的です。マイナンバーを「その内容に含む個人情報」を「特定個人情報」といいます（同法2条8項）。ある組織が特定個人情報を他の組織に授け、また他の組織の側から見れば特定個人情報をある組織から受けることは「情報連携」といわれています。情報連携が行われるために、「情報提供ネットワークシステム」が設置されています。これは、行政機関の長等（地方公共団体の機

関も含まれます）と J-LIS 等を電気通信回線で接続する電子情報処理組織のことで、内閣総理大臣が設置し、管理するものです（同法 2 条 14 項。なお、「デジタル庁設置法」（2021 年法律第 36 号）が制定される以前は、総務大臣が設置管理を行っていました）。

　たとえば、生活保護の実施の場合であれば、番号法の別表第 2 の事務番号の 26 において、「情報照会者」が都道府県知事等で、「事務」が生活保護法による保護の決定等であって主務省令で定めるものとされ、「情報提供者」が一例として日本年金機構等の場合であれば、「特定個人情報」は年金給付関係情報等であって主務省令で定めるものとされています。これを分かりやすくいえば、生活保護の受給申請を行う場合には、本人が年金支給金額を証明する書類を自ら取得して添付しなければなりませんが、これを省略する代わりに、生活保護事務を処理する都道府県知事等から年金事務を処理する日本年金機構等に対して、年金給付に関係する特定個人情報の照会を行うといった仕組みです[3]。

　情報連携が正確に行われるためには、複数の組織がそれぞれ別に保有している個人情報を間違いなく把握しなければなりません。同姓同名など本人確認に手間取るようでは、情報連携は時間がかかってしまいます。そこで、一人につき一つしかないマイナンバーを住民に付けておけば、情報連携がスピーディに行われるというわけです。

　しかし、個人情報の帰属主体である本人が知らないまま、個人識別が容易にかつ正確に行われることにもなりますから、マイナンバーの「利用」に関しては事務処理を限定しており、番号法別表第 1 の上欄に掲げる行政機関、地方公共団体、独立行政法人等その他の行政事務を処理する者が、同表の下欄に掲げる事務の処理に関して個人情報を効率的に検索し、管理するために必要な限度でこれを利用することが

3　詳しくは、デジタル庁のホームページに、「情報連携可能な事務手続の一覧及び省略可能な書類」の一覧表が掲載されていますのでご覧ください。

できます（同法9条1項）。次に、マイナンバーを含む特定個人情報の「提供」に関しては同法19条1号から17号のいずれかに該当する場合を除き、これが禁止されています。前述した情報提供ネットワークシステムを使用して行われる情報連携は、同条8号に定められています。

　個人情報保護法や個人情報保護条例等の一般的な個人情報保護制度は、個人情報の利用と提供の要件を定めてこれらを制限していますが、番号法は、それらの一般的な個人情報保護制度に加えてマイナンバー（「個人番号」）と「特定個人情報」の法律用語を新たに創造して、かつまたマイナンバーの利用主体や事務、特定個人情報の提供の場合であれば授受の主体と事務を別表第1および別表第2に定めることで、一段高い水準で個人情報の保護を仕組む法制度だと、ここではいっておきます（評価が若干複雑になることは、のちに3⑵で、やや詳しく述べます）。番号法が個人情報保護法等の一般的な個人情報保護制度との関係で特別法だといわれるのは、このためです。[4]

　このあたりで、以上で述べてきた内容には、ある前提が存在することに気づきます。それは、法人格が異なる別の組織がそれぞれ個人情報を保有しているという前提です。市区町村や都道府県、国（の行政機関）や日本年金機構というように複数の異なる法人格を有する組織が存在しており、それぞれがそれぞれの事務を処理するので、異なる内容の個人情報を保有しているのです。情報提供ネットワークシステムは、内閣総理大臣が設置管理するシステムであって、組織の違いにかかわりなく一つの情報ネットワークに接続されるという国家的性格を有しますが、本人であることを証明する唯一の番号であるマイナンバーは、専門性等の異なる性格を有する組織が多様かつ多元的に事務

4　宇賀克也『番号法の逐条解説第2版』（有斐閣、2016年）6頁は、「個人情報保護のための一般法の存在を前提」として、「個人番号、特定個人情報について特別の規律を定める」番号法は、個人情報保護法等の一般的な個人情報保護制度の「特別法」として位置づけられると述べています。

処理を行うという分散管理の前提があって利用されるという論理関係をも、ここでは確認しておきたいと思います。

　②　マイナンバーカード

　次に、マイナンバーカードは、「氏名、住所、生年月日、性別、個人番号」、「政令で定める事項」として有効期間満了日や旧氏および通称（番号法施行令1条）、「本人の写真」、「主務省令で定める事項」として住民票コード（「行政手続における特定の個人を識別するための番号の利用等に関する法律の規定による通知カード及び個人番号カード並びに情報提供ネットワークシステムによる特定個人情報の提供等に関する省令」（2014年総務省令第85号。以下では、「番号法カード省令」と略します）17条）が、「記載」され、また「表示」されます。これらは「カード記録事項」として電磁的方法によりマイナンバーカードに記録されます（以上、番号法2条7項）。

　法改正の経緯は後述（2⑵②）しますが、住民からの「申請」により、J-LIS がマイナンバーカードを「発行」し、そして市区町村の長が「交付」します（同法16条の2第1項、17条1項）。マイナンバーと比べると、マイナンバーカードには、一方で顔写真の表示および画像データの搭載が必須であって、申請者が記載事項や表示事項を選択できないというところには一方性が共通しているといえますが、他方ではマイナンバーと異なり、申請主義が採用されていますので、マイナンバーカードを交付申請するのか否かは住民の任意です。

　マイナンバーカードの表面には、氏名、住所、生年月日、性別、有効期間満了日のほかに顔写真が表示され、裏面には、マイナンバー、氏名および生年月日のほかは、備考欄にて半導体集積回路（IC チップ）を組み込むことまでが「番号法カード省令」25条および別記様式第2で定められています。それを以下で示します。

　図表1が示すように、マイナンバーカードには表面と裏面とで、そ

図表1　マイナンバーカード

（表）

（裏）

れぞれ異なる目的や機能があります。まず、表面にはどのような目的や機能があるのでしょうか。番号法16条は、事業者が、従業員に対して給与の源泉徴収事務等に必要なマイナンバーの提供を求め、また講演料等の支払先に対し、支払調書作成事務に必要なマイナンバーの提供を求めるような場合（同法14条1項）には、マイナンバーを提供する者から「個人番号カードの提示を受けることその他その者が本人であることを確認するための措置として政令で定める措置をとらなければな

備考1　大きさは、縦53.92mm以上54.03mm以下、横85.47mm以上85.72mm以下とする。
　　　2　半導体集積回路を組み込む。（以下、略）
（出所：法令検索 https://elaws.e-gov.go.jp/data/426M60000008085_20191105_501M60000008006/pict/H29F11001000085_19061021 06_002.pdf）

らない」と定めています。つまり、マイナンバーカードは、その本来の役割が番号法の事務手続に必要な本人確認のための一手段です。

　ただし、番号法とは関係がない場合であっても、マイナンバーカードの表面を、たとえば商品購入時における本人確認のための一手段とすることは、番号法によって禁止されていません。氏名等が記載され

顔写真まで表示されるように個人情報がたくさん含まれていますから、これを秩序維持目的のために、たとえば市役所や美術館など多数の人が集まる施設に入館する際の本人確認のための一手段とする利用方法も、番号法は禁止していません。ただし、マイナンバーカードの交付申請は住民の任意ですから、これを利用しないと不便を感じるような生活環境を整備することは、番号法の趣旨に違反するとまで断言できるのか否かはともかく、その疑いがあるとはいえるでしょう。

　次に、マイナンバーカードの裏面には、どのような目的と機能があるのでしょうか。ICチップに二種類の電子証明書が搭載された場合には、オンラインでの行政手続に際して公的個人認証の手段になります。この電子証明書は、番号法とは異なり、「電子署名等に係る地方公共団体情報システム機構の認証業務に関する法律」（2002年法律第153号。以下では、「公的個人認証法」と略します）が3条1項・6項・7項および22条1項・6項・7項によって、住民の「申請」により、市区町村の長を経由してJ-LISが「発行」し、市区町村の長がこれを媒体に記録して申請者に「提供」すると定めています。ただし、総務省からの「通知カード及び個人番号カードの交付等に関する事務処理要領について（通知）」（2015年9月29日総行住第137号）によれば、従来、マイナンバーカードの交付申請時において、これに電子証明書の発行申請を兼ねることも可能で、根拠法が異なる二種類の交付申請を兼ねた申請様式が用いられるようです。この様式によれば、二つの電子証明書のいずれか、またはいずれも発行を希望しない場合には、申請者がチェックを入れることになっていますので、いわば控除的な様式が作成されているといえます。[5]

5　市町村自治研究会編集協力・住民行政の窓編集部編『住民行政の窓別冊通知カード・個人番号カードの交付等に役立つ窓口実務必携！』（日本加除出版、2015年）34頁。熱海市のホームページには「マイナンバー関連の様式」の一つに、「個人番号カード交付申請書兼電子証明書発行申請書」が掲載されています（https://www.city.atami.lg.jp/kurashi/juminhyo/1009319/

　また、番号法 18 条によって、市区町村が条例で定めるなどして独自にマイナンバーカードを利用できますが、この場合にもマイナンバーカード裏面の IC チップの空き領域を利用して行われます。以上、総務省のホームページに掲載されている以下の**図表 2** が分かりやすいです。

　つまり、マイナンバーカードの発行の根拠を定めているのは番号法ですが、電子証明書の発行主体やこれの記録媒体を定めているのは公的個人認証法です。本格的なデジタル社会が到来すれば、オンラインでの本人確認が不可欠になりますから、マイナンバーカードの一機能である公的個人認証機能がますます重要になり、公的個人認証法の改正等の法整備も強化されます。この論理関係については、のちに（2⑵③）、やや詳しく述べます。

　③　マイナポータル

　最後に、マイナポータルは、対面に代わってオンラインでの行政手続を行うための専用のオンライン窓口になるポータルのことを指します。これは、「マイナンバーカードをキーにした、わたしの暮らしと行政との入口」[6]の役割を担うものだと述べられていますが、ここには二つ、重要な機能が含まれています。

　まず、「マイナポータル」のホームページの説明によれば、マイナポータルにログインするためには、マイナンバーカードと数字 4 桁の暗証番号（利用者証明用電子証明書パスワード）が求められます。つまり、二種類の電子証明書の一つである利用者証明用電子証明書を IC チップに搭載したマイナンバーカードがログインには必要とされています。このため、マイナンバーカードの裏面の機能とマイナポータルとは不可分の関係があります。

　次に、「入口」と述べられているように、マイナポータルは、対面

1000635.html）。
6　この表現が用いられている文書の一例として、閣議決定「デジタル社会の実現に向けた重点計画」（2021 年 12 月 24 日）79 頁。

18

図表 2　マイナンバーカードの三つの利用箇所

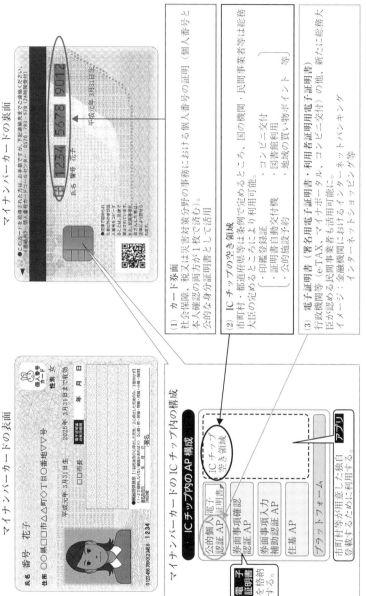

（出所：総務省マイナンバー制度とマイナンバーカード https://www.soumu.go.jp/kojinbango_card/03.html）

であれば、市区町村などの行政の総合窓口に該当する機能を有します。対面からオンラインへと社会関係が移行する場合には、それぞれの地方自治体のそれぞれの窓口に代わって、総合窓口の機能を有するマイナポータルの機能が強化されることになります。

　しかし、以上のような重要な機能を有するマイナポータルの法的根拠は、番号法の目次の章節のどこにも発見できません。なぜなら、同法の附則6条3項・4項1号から3号までで、根拠が定められているからです。それでは同法は、マイナポータルをどのように定めているのでしょうか。これは、附則6条3項で「情報提供等記録開示システム」と定義されており、同法23条3項に記録された特定個人情報（内閣総理大臣が、同法19条8号に基づく情報連携の履歴を情報提供ネットワークシステムに記録するものです）を、本人が簡易な方法で開示できるようにすることを主目的としています。

　特定個人情報も個人情報の一種ですから、個人情報保護法等の一般的な個人情報保護制度に基づく開示請求の対象情報です。しかし、特定個人情報が帰属する本人が知らないまま、情報連携が誤って行われる危惧が絶えずあります。実際に、その一例として厚生労働省だけを述べますが、同省のホームページには、2019年だけでも、9月10日には「番号利用法に基づく地方税情報の情報連携の一時停止について」、また11月1日に「番号利用法に基づく一部の情報連携の一時停止について」が公表されました。[7] これによれば、「情報連携の対象となる具体的なデータ項目や照会条件」を定める「データ標準レイアウト」の「条件設定に誤り」がある状態で「情報照会者及び情報提供者である自治体のシステムに反映された」ことによるものだと説明されました。これへの対応は、「データ標準レイアウト」を修正するとともに、

7　厚生労働省厚生労働分野におけるマイナンバー制度（https://www.mhlw.go.jp/stf/seisakuni tsuite/bunya/0000062603.html）。

図表3　マイナポータルでの「やりとり履歴」の項目と内容

項目名	内　容
整理番号	提供要求を識別する番号
事務	情報照会／提供を行った事務の名称
事務手続	情報照会／提供を行った事務手続の名称
照会機関	情報照会を行った機関の名称
提供機関	情報提供を行った機関の名称
照会日時	情報照会があった日時
提供日時	情報提供があった日時
やりとりされた情報の名称	情報照会／提供を行ったやりとりされた情報の名称
法第21条第2項各号の該当	番号法第21条第2項各号に該当する場合、第何号に該当するかを示す
情報照会者部署名	情報照会を行った機関部署の名称
状況	やりとり履歴の状況

（出所：デジタル庁マイナポータル https://img.myna.go.jp/html/johoteikyotokiroku.html）

　修正期間中は、情報提供ネットワークシステムを通じた情報連携を行わないことに加えて、情報連携によって取得した個人情報の廃棄が地方自治体に要請されました。

　以上の実例が示すように、マイナンバー制度は、個人識別情報のほかにマイナンバーが利用され、特定個人情報が提供されますから、簡易な方法での個人情報保護がマイナンバー制度の恣意的運用を制約できる条件になります。そこで、個人情報保護法等の一般的な個人情報保護制度に基づき本人開示請求を行う手間を減らして、簡易に本人開示ができるように、情報通信技術の利活用が仕組まれているわけです。マイナポータルでは「やりとり履歴」という名称で、**図表3**に示された項目と内容が表示されます。

　なお、番号法附則6条4項によれば、「政府は、情報提供等記録開示システムの設置後、適時に、国民の利便性の向上を図る観点から、民間における活用」も視野に入れて措置を講ずるものとする、と定めら

れています。実際に、マイナポータルでは、地方自治体名や保育等の
「カテゴリ」を選択すると、地方自治体の該当ページに移動する情報検
索が、「ぴったりサービス」という名称で利用可能ですが、検索につい
ては、LINE などの民間事業者のサービスが利用されています。特定
個人情報が外部提供され、番号法に違反する事態が生まれないように、
情報検索機能とマイナンバーカードの利用とを切り離すこととされて
います。

④　三要素の相互関係

さて以上の三要素は、それぞれどのように関係するのでしょうか。
なぜこのような疑問を私が述べるのかというと、たとえば、マイナン
バーカードの表面には氏名等の個人情報が記載され、顔写真も表示さ
れていますが、これだけのことであれば、既にパスポートのように氏
名等の個人情報が記載され、顔写真が表示されたカードが存在するの
です。表面だけであれば、マイナンバーカードを発行する必要性は乏
しいと思われるからです。

ところが、マイナンバーカードはマイナポータルと相互に関係する
ように制度設計されています。オンラインでの本人確認のために、マ
イナンバーカードに搭載された電子証明書が用いられますから、マイ
ナンバーカードとマイナポータルとが関連する仕組みになっています。
そして、オンラインでの行政手続は、対面での添付書類を含む紙での
申請が不要になる代わりに、複数の組織を情報提供ネットワークシス
テムで接続して行われる情報連携が必要になりますから、個人を識別
するためにマイナンバーが利用されます。

こうして、マイナンバー制度を構成する三要素は、それぞれが独立
した機能を有していますが、バラバラにならないようにする結び目が
あるのです。その肝心なところは、第2の構成要素であるマイナンバー
カードと第3の構成要素であるマイナポータルとの結び目にあると私

は考えます。なぜなら、住民と行政との間で行われる行政手続が対面からオンラインに移行する「デジタル社会」が「形成」されるためには、本人であることを確認するための電子証明書を搭載したマイナンバーカードの必要性が強くなります。そして、マイナンバーカードでのログインがマイナポータルにおいて行われますが、「ぴったりサービス」等のマイナポータルの利便性が向上すれば、ここにログインするためのマイナンバーカードの交付申請も促されることになります。もっとも、利便性の向上といいますが、紙媒体が減らされて紙媒体での申請書類の入手が困難になるなど、事実上、マイナポータルでのログインしか選択肢がないような生活環境が整備されるようになれば、これを利便性の向上といえるのかは疑問です。

　マイナンバーカードとマイナポータルとの結び目が強くなればなるほど、つまりオンラインでの行政手続の件数が増えれば増えるほど、紙から電子へのデジタル社会への移行が促進され、複数の組織を情報提供ネットワークシステムで接続して行われる情報連携の事務も増えます。このように理解すると、マイナンバー制度は、三つの要素の結び目を強くしながら量的に「拡大」していくという特徴を有するのです。そしてこの結び目を強化するためには、まずは電子証明書が搭載されたマイナンバーカードが普及しなければならないので、政府は冒頭で紹介したようなマイナンバーカードの交付申請を住民に促すために、公金を使って広告に力を入れているのだろうと、その意図が推測されます。

2　デジタル社会の基盤としてのマイナンバー制度と
　　マイナンバー制度の拡大によるデジタル社会形成

⑴　デジタル社会形成の経緯と現段階

　1で述べたようなマイナンバー制度が、国家施策としての「デジタ

ル社会形成」において、どのような位置関係にあるのかを以下では検討してみましょう。このためには、まず「デジタル社会形成」の経緯と特徴を確認しなければなりません。既に、本書以前にも述べられていますし、私も述べたことがありますので、ここではその内容を要約することで、「デジタル社会形成」の経緯を確認し、そして現段階を把握してみようと思います。[8]

①　保護されるべき個人情報から情報資源への性質変化

まず、紙から電子への移行、対面からオンラインへの移行が、なぜ国家施策となっているのかを理解する必要があります。これは、一言でいえば、個人の嗜好や行動の履歴が情報資源になるからです。大量の個人情報を収集し、その傾向を解析し、そして少ない費用でより良い学習成績を可能にする教育や医療費を低く抑制できる医療サービスのような商品開発を競う世界市場が形成されています。

また、カメラを内蔵した制服の着用を警察官に義務づけるなど、一方では法執行における恣意性を抑制しつつも他方では法執行を機械的に徹底することでもって、客観的な秩序からの国民・住民の逸脱を許容しないようにするためにも、情報通信技術の需要が高まっています。ここにも国境を越える外交政策や商品が売買される世界市場が形成されていると考えられます。問題は人間性と機械との関係といった哲学論議ではなくて、情報通信技術の開発が誰のどのような権利利益を実現するための手段であるのかの論議を国際的に深めることにありますから、国際的なルール作りが望まれます。

しかし、国際的なルール作りが未整備段階であることもかかわって、

8　白藤博行・自治体問題研究所編『デジタル化でどうなる暮らしと地方自治』（自治体研究社、2020年）、「特集自治体のデジタル化—問題点と課題—」自治と分権84号23頁以下、本多滝夫・久保貴裕『自治体DXでどうなる地方自治の「近未来」—国の「デジタル戦略」と住民のくらし—』（自治体研究社、2021年）を参照。私も、「行政を含む社会全体の情報化と法の支配」本多滝夫ほか編著『転形期における行政と法の支配の省察』（法律文化社、2021年）25頁以下で述べたことがあります。

もっぱら世界市場において取り残されないようにするために、日本の国家も社会全体のデジタル化を推進する施策を講じてきました。その課題意識が比較的はっきりと書かれている文書だと私が思うのは、2013年から毎年夏に閣議決定されるようになっていた「世界最先端IT国家創造宣言」です。2013年6月14日の「宣言」を見てみましょう（以下、下線は筆者によります）。

　「世界最高水準のIT利活用社会を実現するに際して、『ヒト』、『モノ』、『カネ』と並んで『情報資源』は新たな経営資源となるものであり、『情報資源』の活用こそが経済成長をもたらす鍵となり、課題解決にもつながる。ビッグデータやオープンデータに期待されるように、分野・領域を超えた情報資源の収集・蓄積・融合・解析・活用により、新たな付加価値を創造するとともに、変革のスピードを向上させ、産業構造・社会生活において新たなイノベーションを可能とする社会の構築につなげる必要がある。」

　2018年から名称が「IT国家」から「デジタル国家」へと変わりましたが、その基調は変わりません。「ヒト」、「モノ」、「カネ」と並んで、「情報資源」の「収集・蓄積・融合・解析・活用」の推進というところがポイントです。

　もともと、日本では情報化といっても、「行政情報化推進基本計画」（1994年12月25日）が閣議決定された際には、「第2 行政情報化推進の基本方針」の箇所では、「社会全体の情報化の進展」への対応といった一般的な表現にとどまっていたのです。それが、2013年になると、はっきりと「情報資源」の「収集・蓄積・融合・解析・活用」という語句が用いられるようになりました。2013年は、国家施策としての「デジタル社会」の「形成」において、その前後を分ける画期だったといってよいと思います。なぜなら、本書の素材である番号法（2013年法律第27号）のほかにも、「地方公共団体情報システム機構法」（2013年

法律第 29 号）が制定され、府省横断的な事務を担当する内閣情報通信
政策監（政府 CIO）を設置するための「内閣法等の一部を改正する法
律」（2013 年法律第 22 号）も制定されたからです。

　「IT 国家」や「デジタル国家」というように、いずれにせよ「国家」
の語句が用いられているのは、偶然ではないのでしょう。というのも、
アメリカにおけるグーグルやメタのような海外展開できるだけの資金
や技術開発力を有する多国籍企業と対等に競える巨大企業が存在しな
い日本では、「情報資源」の「収集」や「蓄積」は、民間事業者よりも
むしろ行政が国内において行ってきたからです。とくに、教育や福祉
医療といった「解析」や「活用」が期待される内容の「情報資源」は、
住民基本台帳事務を処理する市区町村が中心となって、地方自治体が
個人情報の一種として保有してきたものです。そこで、地方自治体を
含む行政が保有する個人情報を紙から電子へとその記録媒体を変えつ
つ、これを「オープンデータ」として民間事業者に提供する国家施策
が推進されるようになってきたのです。[9]

　すなわち、2016 年には、「官民データ活用推進基本法」（2016 年法律
第 103 号）が制定され、行政手続に係るオンライン利用を「原則」と
すること（10 条）、番号法に基づく「個人番号カード」の普及（13 条）
が定められました。翌年の、官民データ活用推進戦略会議と IT 総合
戦略本部決定による「デジタル・ガバメント推進方針」（2017 年 5 月 30
日）の「方針 2」は、「全国同一水準での提供が求められる地方公共団
体等のサービス」についての「自治体クラウド等への集約化」方針を
定めました。この段階で既に、クラウドは「民間クラウド」であると

[9]　個人情報保護法等の目的規定にも、2015 年以降に、「新たな産業の創出」や「活力ある経済
　社会」といった語句が加わるようになりました。2016 年の行政機関個人情報保護法改正に関し
　て、従来は目的外提供という限定的な外部提供だったのがオープンデータへと変わり、行政が
　保有する「個人情報の利用におけるパラダイム・シフトがあったといえる」と、行政情報法に
　詳しい研究者が述べています。宇賀克也『新・個人情報保護法の逐条解説』（有斐閣、2021 年）
　48 頁。

され、「行政機関が全てを保有・管理する形態から必要なものを必要な期間だけ利用する」形態へと「転換」する方針が示されていたのです。こうして、行政が保有する個人情報が民間事業者へと提供される制度が整備されてきました。当然、個人情報保護との矛盾が生まれますが、この矛盾の処理は、匿名加工情報やこれよりも規制が緩い仮名加工情報の新概念を創造することで、一方では個人識別可能性を抑制することで個人情報保護を図り、他方では個人識別情報についての規制を緩和するという方向でもって、個人情報保護法制の立法対応が行われてきました[10]。

② 情報資源の利活用から行政の性質変化へ

2019 年には、「情報通信技術を活用した行政の推進等に関する法律」（2019 年法律第 16 号。以下では、「デジタル手続法」と略します）が制定されました。同法が定めるデジタル 3 原則（2 条 1 号から 3 号）のうち、第 1 原則（同条 1 号）が、行政機関の「事務」および民間事業者の「業務」の「自動化」および「共通化」を図るものと定め、この段階で、AI 等を視野に入れた「自動化」と、官民の事務業務の「共通化」とが、法律用語となったのです。

大量の個人情報の授受が物質的に実現可能になるためには、紙から電子への移行が不可欠になりますが、この次の段階においては、電子化によって、国と地方自治体そして行政と民間事業者との組織の違いにかかわりなく、文書のみならず事務をも「自動化」し、「共通化」することが技術的には可能になります。デジタル手続法に定められたデジタル 3 原則の第 1 原則が示すように、この段階では、行政の「事務」と民間事業者の「業務」とが「共通化」します。これは行政の側にとっては、「事務」処理のスタイルが民間事業者の「業務」のそれへ

10　個人情報の利活用と保護との論理関係は、庄村勇人・中村重美『デジタル改革と個人情報保護のゆくえ―「2000 個の条例リセット論」を問う―』（自治体研究社、2022 年）47 頁あたりで述べられています。

と性質変化することを意味します。

　その先には何が待っているのでしょうか。行政の「事務」と民間事業者の「業務」とが「共通化」したその次の段階には、まず役務に関しては「公共サービス」に一体化し、次に組織に関しても、国と地方自治体そして行政と民間事業者が質的な違いなく並び立ち、やがて政策立案に及ぶ電子政府の構築段階が待っています。組織でも事務業務の処理でも、どちらにしても予測されることは、公務員制度の変質であって、民間事業者と比べて高度の服務規律を課せられる反面、身分が保障されることで全体の奉仕者性を発揮できる職員集団の解体です。

　結局のところ、問題は、その電子政府が、誰の、どのような内容の権利利益を実現するために構築されるのかです。実際に、経済団体は繰り返し、電子政府の構築を要求してきたのですが[11]、これとは異なる主体がその権利利益を要求することで少数をも反映した民主主義的な性格を獲得するのでなければ、今後構築されてくる電子政府も、「情報資源」の利活用の一面だけが突出して、情報の帰属主体である個人の主体性発揮が難しくなる可能性が危惧されます。

　③　デジタル社会形成におけるマイナンバー制度の位置関係

　以上で、国家施策としての「デジタル社会」の「形成」の経緯とその特徴をごく簡単に粗描してみましたが、本書の素材であるマイナンバー制度は、「デジタル社会形成」においてどのような位置関係にあるのでしょうか。

　2013 年 5 月 31 日に番号法が公布されたその 1 年後には、さっそく情報連携機能の強化が閣議決定文書に盛り込まれました。それは、閣議決定「世界最先端 IT 国家創造宣言の変更について」（2014 年 6 月 24

11　電子政府構想の諸段階を展望した経団連「Society 5.0 に向けた電子政府の構築を求める」（2017 年 2 月 14 日）の「4. 国民に支持される電子政府の構築に向けた達成目標」をご覧ください。その最終段階は「公共データを活用した予測・分析型の政策立案・行政サービス提供」だとされて、これは 2026 年の達成目標だと書かれていました。

日）の「Ⅲ」の「3．公共サービスがワンストップで誰でもどこでもい
つでも受けられる社会の実現」の「(1)　利便性の高い電子行政サービ
スの提供」の最後の段落に書かれていたことです。そこでは、「マイナ
ンバーによる情報連携等により、更なる効率化・利便性の向上が見込
まれる分野については、制度の趣旨や個人情報の保護等に配慮しつつ、
マイナンバーの利用範囲の拡大や制度基盤の活用について検討を進め
る」とされました。

　マイナンバーこれ自体の「利用範囲の拡大」と「制度基盤の活用」
は一応別次元の問題ですが、マイナンバー制度という「制度基盤の活
用」は、情報提供ネットワークシステムで複数の組織を接続して情報
連携を行うことですから、マイナンバーを利用する事務も増えます。
マイナンバー制度全体の量的な「拡大」といっても差し支えないでし
ょう。このようなマイナンバー制度が、行政に限定されない「公共サ
ービス」を「ワンストップ」で、「どこでも」、「いつでも」受けられる
ようにする社会を実現するための手段に位置づけられていたのです。

　この位置関係をやや詳しく確認してみましょう。行政に限定されな
い「公共サービス」を「ワンストップ」で受けられるようにするため
には、情報連携機能が強化されなければなりません。マイナンバー制
度の第1の構成要素であるマイナンバー利用事務も増えます。また第
3の構成要素であるマイナポータルが、「ワンストップ」の機能を有し
ます。「どこでも」というからには、実際の場所がどの区域であるのか
は関係がないという意味でしょう。「いつでも」というのは、行政の窓
口が閉まっている曜日や時間帯でも可能というくらいの意味でしょう。
したがって、端末さえあれば、近所の書店に行き書籍を購入する代わ
りにオンラインで購入した書籍がどこからか配達されるように、身近
な地方自治体である市区町村の窓口が存在せずとも、マイナポータル
こそが最も身近なオンライン窓口になって、民間事業者が提供主体と

もなる「公共サービス」がどこからか提供される社会の形成が目指されているのでしょう。そこでは本人確認のための、マイナンバー制度の第 2 の構成要素である電子証明書が搭載されたマイナンバーカードが不可欠になります。

　それでは、どのような価値実現のために、以上のようなマイナンバー制度の「拡大」がその手段になると考えられているのでしょうか。何のために行われるのかといえば、前述したとおり、2014 年の「世界最先端 IT 国家創造宣言の変更について」では、行政運営の「効率化」と国民の「利便性の向上」だと述べられていました。この方向性は、現在も変わりません。たとえば、閣議決定「デジタル社会の実現に向けた重点計画」（2021 年 12 月 24 日）を見てみましょう。これは、2021 年 5 月 19 日に公布されたデジタル改革関連法の一つである「デジタル社会形成基本法」（2021 年法律第 35 号）37 条 1 項等に根拠を有する基本計画として定められたものです。この「第 2 デジタルにより目指す社会の姿」の「1. デジタル化による成長戦略」において、目指される「社会の基盤として、識別子としてのマイナンバーと、本人確認・認証手段としてのマイナンバーカードを峻別」すると述べられました。そして、「マイナンバーカードの持つ機能をデジタルデバイスにアプリ等として搭載するなど、物理的にカードを持ち歩くことなくデジタルデバイスによってサービスが完結することにより、より一層のマイナンバーカードの普及や当該サービスの利用が期待できる」と述べられました。容易に携帯できる媒体に、マイナンバーカードの電子証明書の機能が搭載されるようになれば、「いつでも」、「どこでも」、オンラインで「公共サービス」が受けられるようになるデジタル社会にまた一歩近づきます。これも、国民の「利便性の向上」のための一手段であるのかもしれません。

　しかし、以上のようなマイナンバー制度の「拡大」を制約する条件

も存在します。それは、個人情報保護等への配慮です。たとえば、内閣官房番号制度推進室および総務省大臣官房個人番号企画室から都道府県番号制度主管部局に発出された事務連絡の「DV・虐待等被害者に係る不開示コード等の設定に関する基本的な対応等について」(2017年7月13日)では、「DVや虐待等の被害者(DVや虐待等の被害を受けるおそれがある者を含む)の避難先の住所・居所がある都道府県又は市町村に係る情報については人の生命、健康、生活又は財産を害するおそれがある情報に該当し得るものであり、マイナポータルの情報提供等記録表示機能においては、原則として職員が関わることなく自動で応答されることに鑑み、遺漏がないよう特段の注意をもって運用がなされる必要があります。また、この点はマイナポータルの自己情報表示機能についても同様です」と述べられていました。技術的に「不開示コード」を設定することで対応されますが、ただし、「個別のケースにおいては各地方公共団体の個人情報保護条例等の規定により判断されるべき」とも述べられていた点は、地方自治体の存在理由を考える場合には、注目に値するところだといえそうです。

(2) マイナンバー制度の政策的拡大とその到達点

① 番号法の主目的と政策的拡大

以上では、国家施策としての「デジタル社会形成」におけるマイナンバー制度の位置関係を論理的に眺めてみたのですが、それでは、デジタル社会の「基盤」に位置するマイナンバー制度は、実際に、どこまで整備されてきていて、三つの構成要素のうちのどの部分が量的に「拡大」あるいは質的に「強化」されてきているのでしょうか。

もっとも、マイナンバー制度を定めているのは番号法ですから、この趣旨目的をまず確認するところから始めましょう。同法は、交付申請が任意であるマイナンバーカードとは異なり、市区町村の長が第一号法定受託事務としてマイナンバーを「指定」(同法7条1項、44条)

することを基本的な内容とする法律です。自治事務として住民基本台
帳事務を処理する市区町村の長が、（第一号法定受託事務ですが）付番す
るのです。マイナンバーを「生成」する J-LIS も、2021 年 8 月 31 日
までは地方共同法人でした。

　住民基本台帳事務は、それぞれ市区町村の区域を前提として住民が
求める役務を行政が提供するための事務ですから、これとの連続性を
有する法制度として番号法を理解するのであれば、住民に役務を提供
するために市区町村が共同で個人を識別する法制度だと、同法を理解
することになるのでしょう。現状ではリアリティがないといわざるを
えませんが、福祉国家というのか否かはともかく、国内における富の
再配分機能を強化するために個人識別機能をも強化することは、国家
論としての是非を別にして、理解できないとまでは断言できないよう
に思われます。

　なお、本法の名称は、「行政手続における特定の個人を識別するため
の番号の利用等に関する法律」であって、番号法の解説類でも、同法
が何のために付番するのかといえば、行政手続において個人を識別す
るためだと理解されています。[12]

　しかし、番号法での事務区分が第一号法定受託事務であることの意
義を、住民基本台帳事務との連続性よりもむしろ断絶したものと理解
する場合には、国家施策を実施するという国家的性格をより強く有す
る法制度だと、同法を理解することになるのでしょう。後述（2⑵②と
③）するように、地方共同法人であった J-LIS の変質や公的個人認証
法に基づく市区町村の長の事務が法定受託事務化したことも、この脈
絡で理解してよいと思われます。

　以上のいずれにせよ、実際の法制度がどこまで形成されてきている

12　情報提供ネットワークシステムを用いた特定個人情報の授受すなわち情報連携が「本法の
　　重要ではあるが一部」であり、「本法の全体的な目的達成のための手段」は「特定の個人」等を
　　「識別する機能」だと述べるものがあります。宇賀・前掲注 4 書 6 頁。

のかの現状を正確に認識しなければなりません。その場合には、前述
（1(2)）したとおり、マイナンバー制度は三つの要素から構成されてお
り、その第1はマイナンバーの利用ですが、第2のマイナンバーカー
ドそして第3のマイナポータルへと進むにつれて、付番による個人識
別機能とは異なり、むしろ顔写真データを利用する顔認証や電子証明
書を利用する公的個人認証機能を強く有するようになることにも注意
を要します。三つの要素のどれが「拡大」してきているのかにも注意
しながら、到達点を以下で確認してみましょう。

　②　マイナンバーカードの普及

　これまで述べてきたように、マイナンバー制度を構成する第2の要
素はマイナンバーカードで、電子証明書が搭載可能です。電子証明書
の一種である利用者証明用電子証明書は、ログインした者が本人であ
ることを証明するために、e-Taxやマイナポータルへのログインに用
いられていますが（図表2）、多くの住民にはなじみがないものだった
といってよいでしょう。

　そこで、「医療保険制度の適正かつ効率的な運営を図るための健康
保険法等の一部を改正する法律」（2019年法律第9号）の制定によって、
マイナンバーカードを健康保険証としても利用できるようになりまし
た。この場合も、マイナンバーカードの利用者証明用電子証明書が利
用されます。厚生労働省のホームページによれば、図表4が示すよう
にマイナンバーカードとともに暗証番号の入力や顔認証システムが想
定されていますので、これは従来の紙やプラスチックだった健康保険
証をただ代替するものではありません。

　むしろ、これも、情報通信技術の利活用によって人の行動や事務業
務そして組織を変質させるデジタル・トランスフォーメーション（転
形）の一種というべきでしょう。つまり、今後、マイナンバーカード
が健康保険証としても利用されるようになれば、たとえば病院で窓口

図表4　マイナンバーカードの保険証利用

顔認証付きカードリーダーとは、マイナンバーカード保険証利用に必要となる機器のことで、マイナンバーカードの顔写真データをICチップから読み取り、その「顔写真データ」と窓口で撮影した「本人の顔写真」と照合して、本人確認を行うことができるカードリーダーです。

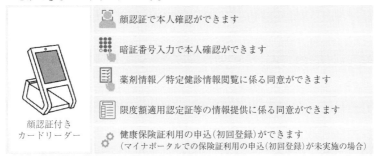

顔認証付き
カードリーダー

- 顔認証で本人確認ができます
- 暗証番号入力で本人確認ができます
- 薬剤情報／特定健診情報閲覧に係る同意ができます
- 限度額適用認定証等の情報提供に係る同意ができます
- 健康保険証利用の申込（初回登録）ができます
（マイナポータルでの保険証利用の申込（初回登録）が未実施の場合）

(出所：厚生労働省マイナンバーカードの健康保険証利用 https://www.mhlw.go.jp/content/10200000/000577618.pdf)

業務を行う職員が患者と接するのに代わって機械が自動受付を行うようになり、この次には顔認証による本人確認に加えて、健康状態の自動的なチェックなどの実証実験が次々と検討され、個人情報の収集と解析も含めて精緻化する未来は予測困難ではありません。分かりやすくいえば、窓口業務を行う職員が患者の顔色や不調等の様子の変化に無関心になり、あるいは業務外活動として抑制すらされるようになる可能性があります。情報通信技術の利活用が、即時での常識的な判断という意味での良き裁量をも抑制する可能性が危惧されるのです。

　毎年一度、確定申告を行う納税者はそれほど多数ではないかもしれませんが、これと比べれば病院で健康保険証を使う機会は格段に多いはずです。それでも、健康保険証に代えてわざわざマイナンバーカードを交付申請しようとする動機は、はっきりいえばありません。そこで、申込期限を限定しつつ、マイナンバーカードの健康保険証としての利用申込みを行った者には、7500円相当のマイナポイントが付与されることまで行われています。総務省のホームページによれば、マイ

ナンバーカードの申請期限が 2022 年 9 月末まで、申込期限が 2023 年 2 月末までとされています。[13]

　その前提として、総務省が行っているマイナポイント事業というのは、マイナンバーカードを利用して予約や申込みを行い、選んだキャッシュレス決済サービスでチャージや買い物をすると、そのサービスで、利用金額の 25% 分のポイントが付与されるというものです。これに加えて、マイナポイントを付与することでマイナンバーカードの交付申請が促されています。「マイナポイント第 2 弾」のほかに、後述しますのでここでは省略しますが公金受取口座の登録を行った場合も、7500 円相当のマイナポイントが付与されます。

　コロナ禍で生活に困窮する住民が増えている現状において給付金事業の強化ではなくて、マイナポイントの付与という財政運営の適法性や適正性の有無については、当然、厳しい批判が少なくないでしょう。このことに加えて気になるのは、マイナンバーカードに次々とマイナポイントが付与されるようになれば、少なくない金額を得ること自体が目的になり、その結果、マイナンバーカードの交付申請数が増えることの弊害です。というのも、金銭を得ることが目的である場合には、つまりマイナンバーカードを希望しているのでは必ずしもないのであれば、マイナンバーカードの管理が甘くなる住民も増えて、マイナンバーカードを置き忘れたり、盗まれたりする件数も増えるように思われるからです。住民生活に寄り添って守るべき地方自治体からも、マイナンバーカードの交付申請数を増やすために国が住民に金銭をも与えるという露骨な普及施策に対して、その再検討を求めるべきではないかと、私には思われます。

　2021 年 5 月 19 日に公布されたデジタル改革関連法は、マイナンバ

13　総務省マイナンバーカードでマイナポイント（https://mynumbercard.point.soumu.go.jp/about/）。

ーカードの普及をもその内容に含んでいます。まず、「デジタル庁設
置法」は、4条2項4号においてデジタル庁の所掌事務の一つとして、
番号法2条7項に定められたマイナンバーカードの「利用」に関する
ことを定めています。「総務省設置法」が改正され、4条1項28号に
おいて、従来、マイナンバーカードの「交付」に関することだったの
が、改正後は、マイナンバーカードの「発行、交付及び管理」に関す
ることが総務省の所掌事務になりました。

　次に、「デジタル社会の形成を図るための関係法律の整備に関する法
律」（法律第37号。以下では、「デジタル社会形成整備法」と略します）に
よって、「地方公共団体情報システム機構法」が改正されました。[14]そ
の目的（同法1条）は、J-LISが「国及び地方公共団体が共同して運営
する組織」であると定めており、国も運営主体に加わることになりま
した。住民基本台帳法、公的個人認証法および番号法が定める事務を
地方自治体に代わって行うところは変わりませんが、「情報通信技術を
用いた本人確認の手段の円滑な提供を確保する」という目的が新たに
加わりました。

　従来の地方共同法人から国と地方自治体による共同管理法人へと移
行した事実は、重要です。なぜなら、2014年に設立されて以降のJ-LIS
は、市区町村が処理する番号法の事務の一部を共同で、あるいは市区
町村に代わって処理するための法人という地方的な性格を有していた
のですが、今回の法改正によって、国家施策を実施する独立行政法人
の一種としての性格が加わることになったからです。これこそが、新
たに目的に追加された「情報通信技術を用いた本人確認の手段の円滑
な提供を確保する」という施策のことです。つまり、J-LISが地方共
同法人から独立行政法人の性格も有するものへと変質した原因は、電

14　デジタル社会形成整備法の内容は行政情報化に限定した場合でも多岐にわたりますが、宇
　賀克也「デジタル社会の形成を図るための関係法律の整備に関する法律と行政情報化」行政法
　研究42号3頁以下が、網羅的に論じています。

子証明書が搭載されたマイナンバーカードの普及が、同法の改正によって追加されたところにあります。

　地方公共団体情報システム機構法の改正に番号法も引きずられるようにして、J–LISの権限を明確化あるいは強化したところが注目されます。注目されるところというのは、まず、マイナンバーカードの「発行」を、「住民基本台帳に記載されている者の申請」に基づきJ–LISが行う点です（同法16条の2第1項。同法施行令13条2項は、交付申請者が、住所地市町村長を経由して、交付申請書を提出することができると定めています）。発行後に、市区町村の長が第一号法定受託事務として個人番号カードの「交付」を行います（同法17条1項）。従来は、「申請」するのが「発行」ではなくて、マイナンバーカードの「交付」であって、交付申請に対して市区町村の長が交付していました。そして、番号法カード省令35条1項4号で、市区町村の長はJ–LISに「個人番号カードの作成」事務を「行わせることができる」と定められていたのです。法改正後も、「交付申請」の語句が法令（番号法施行令13条1項）において用いられていますが、申請者である住民に対して応答するのは国も運営に加わるJ–LISであり、市区町村の長は、J–LISが「発行」したマイナンバーカードを住民に「交付」する地位に置かれています[15]。

　次に、番号法は、J–LISが行うマイナンバーカードの発行等の事務の実施についての国からの監督を強化したところです。主務大臣（同法18条により、デジタル庁の長である内閣総理大臣および総務大臣のことです）が、「個人番号カード関係事務」（同法16条の2が定める事務のほかに、公的個人認証法39条1項に定められたJ–LISの認証事務も含まれます）の実施に関して、3年以上5年以下の期間においてJ–LISが達成すべき業務運営についての中期目標を定め、これをJ–LISに指示しま

15　従来、交付時には厳格な本人確認が必要になるので、住民に身近な市区町村の長がマイナンバーカードの交付事務を行うと考えられています。宇賀・前掲注4書87頁。

す（同法38条の8）。中期目標の最後の事業年度にはJ-LISの業務実績が主務大臣の評価を受け、主務大臣は、業務運営の改善その他の必要な措置を講ずることを命令して（同法38条の11第6項）、J-LISの理事長がこの命令に違反した場合は、代表者会議に対して理事長の解任を命令することができます（同条7項）。最終的に代表者会議が理事長解任を内容とする命令に従わなかった場合は、主務大臣が理事長を直接解任できます（同条8項）。

　中期目標の設定等の評価制度は、独立行政法人通則法29条以下が定める中期目標管理法人を参考にしたものであり、理事長解任の仕組みも前例がないことはないのです[16]。しかし、問題は、前例の有無ではなくて、もっぱらマイナンバーカードの発行等の事務についてのみ、主務大臣による評価に加えて最終的にはJ-LISの理事長を直接解任できる法制度が、どのような正当性や合理性を有するのか否かということです。実際に、2021年9月1日に定められた「地方公共団体情報システム機構における個人番号カード関係事務に係る中期目標（第1期）」は、「Ⅲ．業務目標と取組方針（業務の質の向上に関する事項）」の「1．マイナンバーカードの発行・運営体制の強化に関する事項」の冒頭で、「令和4年度末までにマイナンバーカードがほぼ全国民に行き渡ることを目指し、想定される市区町村への毎月のカード発送数に基づき、具体的な目標及びスケジュールを定め、必要な申請受付・発行体制の強化を図ること」を目標に定めました。

　しかし、繰り返しますが、マイナンバーカードは、住民あるいは交付申請者（番号法施行令13条1項）の任意で発行されるものです。マイナンバーカードの交付申請数や普及数だけが独り歩きして、交付申請の任意性が歪められないように、住民と市区町村が協力しながら以上の評価制度の動向を注視すべきでしょう。

16　宇賀・前掲注14論文35頁以下を参照、とくに41頁。

③　オンライン手続の一層の容易化─電子証明書のスマートフォンへの搭載─

　社会関係が対面からオンラインへと移行する場合には、これまでとは異なる変化があらわれてくると考えられます。従来は、住民が行政手続を行う場合は、実際に市区町村などの行政の窓口に行きましたが、オンラインでは端末があればどこでも申請や届出を行うことが可能になります。しかし、非対面ですからログインしているのが本人であることを確認する機能が強化されることになります。

　紙媒体に押印する場合には、その印鑑が本人のものであることを証明する書類に、印鑑登録証明書があります。これがオンラインに移行すると、登録された印鑑であることの証明に代えて電子証明書が発行されます。そしてこの電子証明書を用いて、他人による成りすましを防止するために、公的個人認証制度が整備されています。総務省のホームページには、図表5が掲載されています。

　図表5で述べられているように、文書が改ざんされていないことを証明するための「署名用電子証明書」および本人であることを証明する「利用者証明用電子証明書」という二種類の電子証明書は、公的個人認証法の3条1項・6項・7項および22条1項・6項・7項によって、住民の「申請」により、市区町村の長を経由してJ-LISが「発行」し、市区町村の長が、従来、マイナンバーカード「その他の主務省令で定める電磁的記録媒体」（同法3条4項、22条4項）に記録して申請者に「提供」すると定めていました。

　公的個人認証法は、デジタル社会形成整備法によって改正されました。まず、以上の電子証明書の申請から提供まで、市区町村の長が処理する事務は、従来、自治事務でしたが、今回の法改正によって、たとえば同法3条7項および22条7項に基づく電子証明書の提供などの市区町村の事務が第一号法定受託事務になりました（同法71条の2）[17]。

17　経緯は、宇賀・同上26頁が述べています。

図表5　マイナンバーカードに格納される公的個人認証サービス

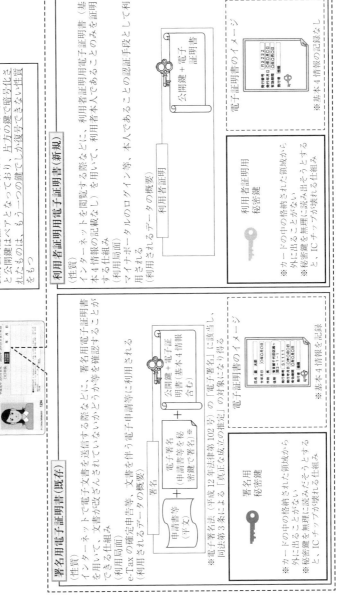

（出所：総務省公的個人認証サービスによる電子証明書 https://www.soumu.go.jp/kojinbango_card/kojinninshou-01.html）

　そのこととかかわって、次に二種類の電子証明書は、いずれもマイナンバーカードとの関連性が強くなり、「個人番号カード用署名用電子証明書」（改正後の３条）および「個人番号カード用利用者証明用電子証明書」（改正後の 22 条）と名称が変わり、「その他の主務省令で定める電磁的記録媒体」という語句が削除されました（同法 3 条 4 項および 22 条 4 項を、新旧対照表でご確認ください）。この理由は、マイナンバーカード以外にも電子証明書を搭載したカードがありうるのですが、実際にはマイナンバーカード以外のカードが発行されたことはないので、電子証明書を搭載するカードを 2021 年の公的個人認証法の改正によって、マイナンバーカードに限定したのだといわれています。[18]

　この法改正によって、公的個人認証のための電子証明書を搭載したカードはマイナンバーカードに一本化しましたので、オンラインでの本人確認機能を有するマイナンバーカードは、デジタル社会を支える基盤としての性格も一層強く有するようになったといってよいでしょう。

　さて、公的個人認証法の改正によって可能になったのは、電子証明書のスマートフォンへの搭載です。総務省では、マイナンバーカードの利便性の向上を目指して、マイナンバーカードの機能のスマートフォンへの搭載について検討を行うことを目的として、「マイナンバーカードの機能のスマートフォン搭載等に関する検討会」が開催されていました。その「第 1 次とりまとめ—電子証明書のスマートフォン搭載の実現に向けて—」（2020 年 12 月 25 日）には、以下のような図が示されていました。

　図表 6 では、電子証明書が搭載されたスマートフォンを使って、マイナポータルに限らず、民間事業者との関係でも銀行口座開設や携帯電話申込がオンラインで行われる将来像が描かれていました。マイナンバーカードとは異なり、カードリーダーが不要ですから簡単である

18　宇賀・同上 21 頁の（2）の説明を参照。

図表6　マイナンバーカード機能のスマートフォン搭載(ユースケースの将来像)

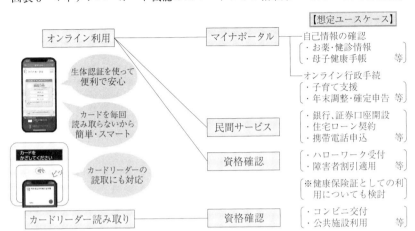

(出所：総務省マイナンバーカードの機能のスマートフォン搭載等に関する検討会 https://www.soumu.go.jp/main_content/000726193.pdf)

ことが強調され、内蔵された生体認証機能の活用も視野に入っていました。

　それでは公的個人認証法の改正は、どのような仕組みによってマイナンバーカードの電子証明書の機能をスマートフォンにも搭載できるようにしたのでしょうか。マイナンバーカードの裏面に搭載される二種類の署名用電子証明書および利用者証明用電子証明書の存在を前提としつつ、これに加えて、新たにスマートフォンに搭載される移動端末設備用の署名用電子証明書および利用者証明用電子証明書が創造されたのです。この移動端末設備用電子証明書は、申請者が、J-LISに対し、個人番号カード用署名用電子証明書を用いて、オンラインで発行申請を行います（同法16条の2第2項、35条の2第2項）。個人番号カード用電子証明書と移動端末設備用電子証明書とは紐付けて管理され、その有効期間も、個人番号カード用電子証明書の有効期間の範囲内で定められます（同法16条の4、35条の4）。個人番号カード用電子

証明書が失効した場合には、移動端末設備用電子証明書も連動して失効します（同法 16 条の 14 第 1 項 4 号、35 条の 14 第 1 項 4 号）。スマートフォンの使用を停止した場合は、移動端末設備用電子証明書の失効を求める申請をしなければなりません（同法 16 条の 8 第 3 項、35 条の 8 第 3 項）。

　若い世代はパソコンを所有しない人も少なくありません。スマートフォンにマイナンバーカードの電子証明書の機能を搭載することで、パソコンを所有しなくとも、マイナンバーカードの機能が使えるようになります。したがって、電子証明書のスマートフォンへの搭載も、マイナンバーカードの普及を促すための一手段だといえるでしょう。

　④　公金受取口座登録法の制定

　2021 年 5 月 19 日に公布されたデジタル改革関連法の一つとして、「公的給付の支給等の迅速かつ確実な実施のための預貯金口座の登録等に関する法律」（法律第 38 号。以下では、「公金受取口座登録法」と略します）および「預貯金者の意思に基づく個人番号の利用による預貯金口座の管理等に関する法律」（法律第 39 号）が制定されました。これらのうち、前者は、従来、給付金等の支給申請において必要だった口座情報の記載や通帳の写し等の添付書類を、公金受取口座を登録することで省略できるようにするための法制度です。口座情報の授受が行われますから、この意味では同法は、情報連携が行われる法制度の一つだといえます。

　国や地方自治体が預貯金口座に保険給付や還付金等の金銭を払い込むものが、「公的給付の支給等」と定められています。すなわち同法 2 条 2 項は、「公的給付の支給等」を 1 号から 4 号までで定めるとともに、これらの詳細をデジタル庁令に委任しています。「公的給付の支給等の迅速かつ確実な実施のための預貯金口座の登録等に関する法律施行規則」（2021 年デジタル庁令第 10 号。以下では、「公金受取口座登録法施行規

則」と略します）2条1号から45号までで、健康保険法の保険給付の支給等の具体的な支給が定められています。

　預貯金者の申請により内閣総理大臣が預貯金口座に関する事項（金融機関および店舗の名称、預貯金の種別および口座番号、名義人の氏名、名義人のマイナンバー、デジタル庁令で定める事項として住所、生年月日や連絡先等）を登録します（同法3条3項1号から5号まで）。ただし、これらの事項は、デジタル庁令で定められる行政機関の長等が既に預貯金口座を保有している場合には、預貯金者の同意を得て、内閣総理大臣に提供することもできます（同法5条1項）。現在は、国税庁長官だけです（公的受取口座登録法施行規則9条）。

　預貯金者からの登録申請はオンラインで行われます。[19]行政機関の長等（番号法2条14項と同義で、「地方公共団体の機関」も含まれます）は、内閣総理大臣に対して、公的給付支給等口座情報（公金受取口座登録法5条1項2号。金融機関および店舗の名称、預貯金の種別および口座番号、名義人の氏名のこと）の提供を求めることができます（同法9条）。

　以上の「公的給付の支給等」とは別に、内閣総理大臣は、法律によらずに国民生活および国民経済に甚大な影響を及ぼすおそれがある災害や感染症が発生した場合等に支給する「特定公的給付」を「指定」できますが、行政機関の長等は、「特定公的給付」の支給要件該当性を判定するために必要な情報を、「個人番号を利用して管理することができる」（同法10条）とも定められています。給付申請の受付から支給までの事務において、申請者が有資格者であるのか否かの照合作業がマイナンバーを用いて行われ、情報提供ネットワークシステムを使用

19　同法3条2項は、「デジタル庁令で定めるところにより、内閣総理大臣に申請をしなければならない」と定めており、公的受取口座登録法施行規則3条1項が、「内閣総理大臣の使用に係る電子計算機」と「当該申請」を「行う者の使用に係る電子計算機とを電気通信回線で接続した電子情報処理組織を使用する」と定めています。なお、同施行規則3条2項1号には、入力事項が定められていますが、公金受取口座登録法3条3項4号（名義人のマイナンバー）も入力事項に含まれます。

して情報連携も行われます（番号法別表第２の事務番号の121）。デジタル庁のホームページを閲覧すると、その「政策」の「公金受取口座登録制度」には「令和２年度子育て世帯生活支援特別給付金」等の５件が既に指定されています。

　穿った見方かもしれませんが、公金受取口座登録法の以上のような仕組みは、預貯金者の任意での申請によるとはいえ、内閣総理大臣がそれぞれの地方自治体の区域の違いに関係なく、一元的に預貯金口座を登録するところにおいて、マイナンバー制度が前提とするはずの個人情報を分散管理する従来の発想（1(2)①でごく簡単に言及しました）との違いがあるようにも思われます。同法10条に基づく「特定公的給付」として給付金事業が行われる場合を想定してみます。たとえば、マイナポータルから給付金の支給申請が行われ、マイナンバーを利用して本人の特定個人情報が照合され、内閣総理大臣が登録した預貯金口座への振り込みが行われるというように、「特別定額給付金」がそうであったような市区町村の事務とはせずに、国の事務として制度設計を行うことも、技術的には不可能ではないと思われます。

　そうなった場合には地方自治体にとっての問題点は、住民との接点が一つなくなり、多様な住民の多様な情報を収集管理する機能が著しく弱くなるところにあります。なぜなら住民と市区町村との物理的精神的な距離が拡がれば、住民自治のための存在であるという市区町村の存在理由が希薄になるからです。そして、国から独立して国が収集管理していない個人情報を収集管理するので、市区町村を含む地方自治体は国から独立しているという情報権力主体としての団体自治も形骸化するように思われるからです。

(3)　マイナンバー制度の拡大によって形成されるデジタル社会の未来

①　組織と事務（業務）そして区域（地域）の超越

　以上で、国家施策としての「デジタル社会形成」の経緯とそこでの

マイナンバー制度の位置関係、そしてマイナンバー制度の「拡大」と
その到達点を述べてきました。以下では、このようにして「拡大」す
るマイナンバー制度が、論理的には、社会関係の何を質的に変えなが
ら「デジタル社会」を「形成」することになるのかの未来を予測した
いと思います。

　たとえば、スマートフォンに搭載された電子証明書を利用してオン
ラインで行政手続を行う場合を想定してみましょう。実際には、ある
市区町村の区域に居住している住民であっても、オンラインで接続さ
れていれば、当該市区町村の区域を越えて、電子申請を行うことが可
能になります。マイナンバーカードとは別に常時携帯しているスマー
トフォンにも搭載できるようになった電子証明書が、オンラインで利
用者本人であること等を証明するのですから、マイナンバーカードを
自宅に置いたままで、旅行先や出張先等の「どこでも」電子申請を行
うことができるようになるでしょう。しかし、どこでも電子申請を行
うことができるということは、その居住する市区町村の区域を越える、
オンラインで越境するということを意味します。

　住民の側が区域を越えられるのですから、電子申請を処理する行政
の側がそのまま変わらないということはありえません。もちろん行政
手続が対面からオンラインに変わるだけでは、国と地方自治体間そし
て都道府県と市区町村間の事務配分が変わらなければ、事務を処理す
る行政組織とそこに勤務する職員（国家公務員と地方公務員）の配置も
同じです。しかし、物理的な距離よりもむしろオンラインでの距離が
近接すれば、そのオンライン窓口である「マイナポータル」が、住民に
とっての最も身近な行政になります。実際に住民が市区町村の窓口に
行かなくなれば、なぜ市区町村の窓口に職員を配置しなければならな
いのかが問われるようになります。国家施策としての「デジタル社会
形成」の一つの特徴は、行政運営の「効率化」でもありますから、物

理的な距離とオンライン空間での距離のずれが、市区町村の行政組織
と職員（地方公務員）の配置に及んでくる影響は大きいということを覚
悟すべきでしょう。

　②　デジタル・「トランスフォーメーション」は何をどう「転形」するのか
　問題は、市区町村を中心とする地方自治体の行政組織と職員配置に
及んでくる影響というのが、どのような影響であるのかということで
す。何をどのようにトランスフォーム（転形）するのでしょうか。地方
自治体の業務のそれに関しては、既に、総務省が庶務を処理した「地
方自治体における業務プロセス・システムの標準化及び AI・ロボティ
クスの活用に関する研究会報告書」（2019 年 5 月）の「1. 本研究会の
目的・問題意識」の「(2) 問題意識」の箇所において、「技術」が「持
てる力を発揮する」ためには「人や社会が変わらなければならない」
といった転倒した認識が示されてはいました。それでは、「人や社会」
はどう変わるのでしょうか。

　情報通信技術の利活用が地方自治体の行政組織と事務を大きく変え
る内容が示されているのは、2021 年 10 月 22 日に開催されたデジタル
庁の「マイナンバー制度及び国と地方のデジタル基盤抜本改善ワーキ
ンググループ（第 1 回）」における議事で用いられた「トータルデザイ
ン実現に向けた公共サービスメッシュ等の検討について」と題する資
料です。

　図表 7 では、中心に位置する「公共サービスメッシュ」から国や地
方自治体の様々なサービス利用へと進むイメージが示されています。
申請のオンライン化が実現されるためには、利用者本人であることの
認証機能の強化が条件になりますが、これについては既にマイナンバー
カードに搭載される電子証明書がこの機能を有します。別々の組織
が保有する個人情報の授受つまり情報連携が行われますが、これも既
にマイナンバーが個人を識別する機能を有します。このように、「公共

図表7　公共サービスメッシュを中心としたトータルデザイン（イメージ）

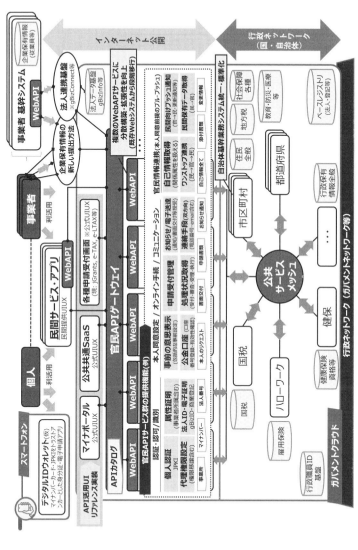

（出所：デジタル庁「マイナンバー制度及び国と地方のデジタル基盤抜本改善ワーキンググループ」https://cio.go.jp/sites/default/files/uploads/documents/digital/ 20211022_meeting_my_number_wg_04.pdf）

サービスメッシュ」というイメージ図が実現されるための条件のいくつかは、既にマイナンバー制度が整備しているものです。

　ただし、**図表7**が実現するためには、国や地方自治体そして民間事業者といった複数の独立した法人格を有する組織が全て、情報ネットワークに接続しなければなりません。このため、デジタル庁の長である内閣総理大臣が設置管理する情報提供ネットワークシステムのような情報ネットワークを「拡大」するとともに、デジタル庁（の長である内閣総理大臣）による管理を「強化」するための法整備が行われてくるでしょう。**図表7**の「官民 API ゲートウェイ」に注目しましょう。

　それでは、今後の未来社会は、どのような姿になるのでしょうか。

　図表8の「これまで」と「将来的に」の絵をそれぞれ比較してください。住民がサービスを利用するところは、変わりません。変わるのは、「これまで」は住民が「サービスの申請」を行うのが、「将来的に」は「利用の意思表示」に変わるところです。「申請」が消滅しますので、「これまで」は申請に対して「電話・郵送や対面等でやり取りや状況確認」しながら「審査」し、「サービス提供」も行っていた「自治体」のうち、「将来的に」は「審査」段階も消滅します。これに代わって「将来的に」は、「デジタルで対話的にやり取りや状況確認」しながら「自治体」と「民間」が「サービス提供」を行うようになるとされます。

　もう1点、大きな相違点は、「これまで」には住民が自ら「サービスの把握」を行っていたのに代わって「将来的に」は「利用可能なサービスの通知・紹介」が届くようになるところです。通知が届くというと結構なことのように思われるかもしれませんが、ターゲティング広告には批判もあります。また、住民は通知を見なければなりませんから負担が増えて、さらには通知を見ていない場合は責任転嫁されかねない可能性を危惧します。いずれにせよ、住民も情報ネットワークに接続しなければならず行政との距離が近接しますが、住民と行政との

図表8　これからの行政サービスの考え方（イメージ）

これまで
・住民は、行政サービスを受けるためには各種サービスに応じた申請書類と証明書類が必要。
・職員は各種事務作業に忙殺され、人手が不足。

この先
・住民は、マイナンバーカードがあれば、各種手続きはパソコン・スマホでワンストップ。
・職員の事務作業は情報連携により削減。サービスの事務提供により注力できるように。

将来的な世界観（ポイント）
・行政の保有する情報や本人の意思に基づいて民間から提供された情報の範囲で、利用可能なサービスがおしらせされ、意思表示を通じて簡単にサービス利用可能
・行政とのやりとりはデジタルチャネルで対話的に実現
一紙や電話やFaxに依存しないことで、サービスの処理状況はリアルタイムに把握できる。緊急時も柔軟・迅速に行政サービスが提供される
・デジタル弱者へのサポートもサービスデザインに組み込む（手続きの代理や民間アプリやポータルも安全かつスムーズに実施）
・多様な民間ポータルも行政サービス利用手続きのフロントエンドとして利用できる

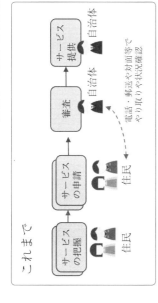

これまで

サービスの把握　住民　→　サービスの申請　住民　→　審査　自治体　→　サービス提供　自治体

電話・郵送や対面等でやり取りや状況確認

将来的に

利用可能なサービスの通知・紹介　自治体（民間）　→　利用の意思表示　住民　→　サービス提供　自治体／サービス提供　民間

デジタルで対話的にやり取りや状況確認

民間サービスもフロントエンドを担う

（出所：デジタル庁「マイナンバー制度及び国と地方のデジタル基盤抜本改善ワーキンググループ」https://cio.go.jp/sites/default/files/uploads/documents/digital/20211022_meeting_my_number_wg_04.pdf）

関係変化が、行政の民主的コントロールといった従来の概念の行方を考える場合には、気になるところです。

　結局、図表8の「将来的な世界観」によれば、住民が「意思表示を通じて簡単にサービス利用可能」とされ、「行政とのやりとりはデジタルチャネルで対話的に実現」だと述べられています。この「意思表示」や「対話的」な「やりとり」は、明示されていませんが契約の仕組みを指すのでしょう。ポイントは、住民による申請権の行使から、窓口行政の対応、行政庁による審査応答義務そして申請に対する処分や拒否処分の場合の理由提示までの、一体の行政過程が分解されることです。これもコロナ禍での実例を挙げるとすれば、「持続化給付金」の事務が民間事業者によって行われていたような事務処理のありようをイメージすれば、分かりやすいでしょう。

　申請に対する行政処分の形式とは異なり意思表示に基づく契約の形式とする制度設計が行われる場合には、公権力の行使ではないとの理由で、公務員組織である行政が事務を処理する必要もなくなり、行政の「事務」は民間事業者の「業務」に転化するでしょう。デジタル手続法に定められたデジタル3原則の第1原則は、行政の「事務」と民間事業者の「業務」との「共通化」だと述べましたが、図表8はまさに「事務」と「業務」の「共通化」を図示したものとなっているように思われます。

　ここで、以上で述べた問題点をまとめて整理すれば、まず、行政処分から契約へと形式が移行することで、住民と行政庁との権利義務関係の希薄化という問題が生まれます。分かりやすくいえば、オンライン申請しようにもシステムの操作の仕方が分かりにくい、何をどこに入力すればよいのかに迷う、といった申請段階でのトラブルは、むしろ増えるでしょう。申請の概念が消滅することで、行政の側での審査応答義務が課せられなくなれば、住民の権利性が弱くなるとともに行

政の側では責任の所在が曖昧になります。

　次に、行政の「事務」の民間事業者による「業務」化と「業務」の（国境を越える場合すらある）分業あるいは分散が最も深刻な問題を提起します。ここには、事務や業務の分散によって責任の所在が曖昧になることとは別に、公務員であることの全体の奉仕者性が弱くなり、さらには失われること（公務員法による規律の弱体化）に加えて、身分が保障された公務員による良き裁量行政がシステマティックな「自動化」によって抑制されて、「公共サービス」も抑制そして縮小へと向かう可能性が危惧されます。

　図表8に示されたような「将来的な世界観」が、問題点の慎重な検討を欠いたまま実現されるような場合には、以上で述べたような複数の異なる問題点があらためて検討されなければならなくなると予測します。それぞれの強弱やどのように組み合わされるのかによって、デジタル・トランスフォーメーション（転形）のあらわれ方も変わってくるように思われます。地道で実証的な現状分析が、今後、実践的にも理論的にもますます必要になるでしょう。

3　マイナンバー制度を基盤とするデジタル社会における
　　地方自治の位置関係と課題

⑴　地方行政の事務の業務化と自動化によって問われる地方公務員の存在理由

①　地方行政の事務の業務化と自動化

　本書の主たる読者だと想定されているのは地方自治体の関係者ですから、マイナンバー制度そのものというよりも、これが基盤となって「形成」される「デジタル社会」における地方行政の位置づけを冷静に見なければなりません。この場合には、繰り返しますが、前述（2⑶②）した**図表8**に示された「将来的な世界観」は、現実の法制度とは異なり考え方や意識レベルでのものとはいえ、素通りできない深刻な

内容を含んでいるといわざるをえません。

　そこでは、区域がはっきりしない地方自治体は民間事業者と並ぶ「サービス提供」を行う一主体に位置づけられていますが、このような位置づけでは、地方自治体が、住民の多様な要求に応じて多様な行政施策を創造し、また展開できる行政主体性を強く発揮して団体自治の担い手であり続けることは、ますます難しくなるでしょう。団体自治が弱くなれば、住民自治の実現手段が弱くなるのですから、いずれ住民自治の概念自体が形骸化するでしょう。国とは別に、都道府県や市区町村の二層で、全体としては三層で保障するはずの人権も、多様な住民の多様な内容を有する人権の多様性が失われて画一化し、全体的にその保障水準が低下するのです。こうして多様な住民の多様な内容を有する人権の保障水準が低下した場合には、地方行政は、そのときどきで政治力や経済力を有する者の要求に応じるだけの存在に変わってしまいます。

　図表 8 は「将来的な世界観」であって、実際の法制度とは異なります。だからといって楽観視するのは間違いでしょう。既にそのような「世界観」と連続性を有するように思われる意識があらわれるようになっているからです。その一例として、行政のデジタル化を特集したある雑誌に掲載された記事は、その小見出しが順に、「知事のリーダーシップ」から始まり、「ボトムアップでアイデア出し」、そして「国主導の整備が待たれる共通プラットフォーム」が結論です。[20] 知事の「リーダーシップ」は、「国主導」と矛盾しないのです。そこでは「ボトムアップ」といっても、これは知事の「リーダーシップ」や「国主導」から逸脱するような「アイデア」や、多様な住民要求を反映した地方議会での発言を尊重するようなものとは思えません。

　法制度ではなくて、あらわれるようになっている関係者の意識にま

20　日経ムック『まるわかり！行政のデジタル化』（日本経済新聞出版、2021 年）100 頁以下。

で注意すると、そこには三つの特徴があるように思われます。第1の
特徴は、地方行政の事務を民間事業者の業務と並ぶ位置に置き換える
ことです。第2には、事務や業務の担い手を人から機械へと移行させ
て自動化を実現することです。これらの二つの特徴は、デジタル手続
法が定めるデジタル第1原則（2条1号）の、行政機関の「事務」およ
び民間事業者の「業務」の「自動化」と同じです。そして第3の特徴
は、第1および第2の内容が実現されるように基盤整備を行う国家機
能が強化されることです。いうまでもなく、マイナンバー制度は、こ
の第3の特徴を現実のものとするための法制度です。国家機能の強化
に関して、総務省自治行政局のマイナンバー制度支援室長名で書かれ
た文章においても、「効率性を重視して全体最適やシステムの合理性を
追求することとなれば」、「国による集中的・一元的な手法や集約的な
システム整備等がより馴染みやすく、これを通じて国の地方行政のデ
ジタル化に対する役割が強まっていくことが見込まれます」と、日本
におけるデジタル化が「一元的な手法や集約的なシステム整備」にな
りがちであることが率直に述べられています[21]。

　ただし、以上のマイナンバー制度支援室長名で書かれた文章は、そ
の後に「分散的な意思決定のあり方」や「地方自治の実現」の語句も
用いています。地方自治体の側からは、いわれる「地方自治の実現」
を現場の多様な実情に即して説得的に示して、「効率性」の重視や「全
体最適」とは異なるデジタル化をも国に要求できるのか否かの力量が、
ますます試されるといえるでしょう。

　②　行政内部における権力分立とヒューマン・コントロールの重要性
　デジタル化を契機として従来と異なる意識が生まれて、その制度化
に向かうというプロセスに注目する場合には、アジャイルガバナンス
が地方自治体に及んでくる未来も予測すべきかと思われます。経済産

21　田中良斉「デジタル化の進展とマイナンバーカード」地方自治 889 号 24 頁。

業省のある報告書は、「アジャイル・ガバナンス」が求められてくるのには、「予め一定のルールや手順を設定しておくアプローチではなく、一定の『ゴール』をステークホルダーで共有し、そのゴールに向けて、柔軟かつ臨機応変なガバナンスを行っていくようなアプローチが求められる」という背景があるからだと述べていました。[22]

　あらかじめ「ルールや手順」を設けない、「ゴール」を「ステークホルダー」で「共有」するといわれると、法の支配や法治主義を重視する法学の観点からは、組織運営の恣意性を助長しないかとその可能性が危惧されるのですが、こうした私の違和感や問題意識は、内閣周辺の「ステークホルダー」が「共有」するものではないのでしょう。

　というのも、その後、内閣総理大臣を会長とする「デジタル臨時行政調査会」は、その第2回（2021年12月22日）の「資料1 デジタル時代の構造改革とデジタル原則の方向性について」において五つの「デジタル原則」を掲げて、「原則①デジタル完結・自動化原則」から「原則⑤共通基盤利用原則」までの間に、「原則②アジャイルガバナンス原則（機動的で柔軟なガバナンス）」を位置づけました。そこでは、「民間の創意工夫を尊重する」とともに「データを活用して政策の点検と見直しをスピーディに繰り返す、機動的な政策形成」が目指されます。この内容は、さっそく同月24日の閣議決定「デジタル社会の実現に向けた重点計画」の「第5 デジタル化の基本戦略」の「1．デジタル社会の実現に向けた構造改革」に盛り込まれました。閣議決定文書になりましたので、今後、行政各部（各省）の専門性の違いにかかわらず、さらには地方自治体にまで、「アジャイルガバナンス原則」を含むデジタル5原則が及んでくる事態を予測できます。

　アジャイルガバナンスといわれる行政組織編成のどこに問題点があ

22　経済産業省「GOVERNANCE INNOVATION Ver.2―アジャイル・ガバナンスのデザインと実装に向けて―」（2021年7月）49頁（https://www.meti.go.jp/press/2021/07/20210730005/20210730005.html）。

　るかというと、それは、デジタル庁の長である内閣総理大臣とデジタ
ル庁に置かれるプロジェクトチームのように、行政組織の長と健全な
緊張関係を形成できる有力な存在が、行政組織内部に存在しないとこ
ろです。かねて、日本の官僚制の特徴である稟議制は、全般的には能
率の低下等の問題点が指摘されていましたが、利点にも言及があった
のです。この利点すら失われてしまうところが問題点です。

　しかも、地方自治体は、国とは異なり執行機関のうち知事や市長等
の長が選挙で選ばれますから、アジャイルガバナンスが、国とは異な
りむしろ地方自治体の一部で先行して、そこから国の行政組織編成へ
と作用するとしても不思議ではありません。そうであれば、地方自治
体において長と地方議会との関係があらためて問われることにもなる
でしょう。

　しかし、大統領制を採用している他国を参照する場合には既に論点
が提起されています。その一例であるアメリカにおいては、デジタル
化とも共通性を有すると考えられる privatization（これは、公共の私化
とでもいうべき概念で、行政と民間事業者との組織編成の相対化や行政事
務の民営化などの複数の構成要素から成り立っています）を素材としなが
ら、この問題点が国家と市場といった対立図式に存在するのではなく
て、むしろ行政内部における権力分立を弱体化するところにあると主
張するものもあります。大統領制のアメリカですら、政治任用とは異
なる公務員組織の果たすべき役割に注目する論者も存在するところは

23　明治期以降の稟議制を論じていた辻清明『新版日本官僚制の研究』（東京大学出版会、1969
　　年）155 頁以下は、能率の低下、責任の分散および指導力の不足という三点を指摘していまし
　　たが、これを現在の状況下で読み直す場合には、問題点とともに関係公務員の協力確保という
　　長所も指摘していたところが、むしろ注目されます（同 158 頁）。
24　この素材についてかねてクリティカルな主張を行っていた Jon D.Michaels 教授は、The
　　American Deep State, 93 Notre Dame L. Rev. 1653 (2018). という論文において、連邦の大統領
　　や大統領が任命した行政機関の長との関係での行政内部における権力分立は、身分が保障され
　　た公務員でなければこれを期待するのは難しいと述べて、privatization は、行政内部における
　　権力分立を弱体化してしまうと主張しています（同 1669 頁）。

興味深い点です。

　アメリカと同じ資本主義の経済体制が採用されている日本において
も、地方行政のデジタル化を推進する「リーダーシップ」とシステム
開発を行う民間事業者の利益とが強力に結びつくのに対して、これら
とは健全な緊張関係を有する地方議会や行政内部における地方公務員
の存在理由も一層大きなものとならなければ、それこそ「私化」は避
けようがありません。なぜなら、地方行政のデジタル化は、誰が開発
したのかが不分明な情報通信技術を利活用することによる行政事務の
「自動化」が、行政事務の業務化に加わるからです。その先には、**図表
8**のような「将来的な世界観」が待っているのでしょう。

　地方行政とくに地方公務員にとっての課題は二つあります。第1に
は、以上で述べたような行政内部における健全な緊張関係を形成でき
るのか否かです。しかし孤立しているわけでは必ずしもなくて、異な
る価値の対立が存在するようになり、このことが行政外部に示される
ようになれば、地方自治体の住民は、肯定否定を繰り返して民主主義
的な判断力を養う機会を得られるのです。多様な住民の意思を反映す
るべき地方議会の存在理由もあらためて問われます。第2は、2019年
に制定されたデジタル手続法のデジタル第1原則や2021年12月24
日の閣議決定に盛り込まれた「デジタル完結・自動化原則」が示すよ
うな行政「事務」の「自動化」との関係では、目視や住民との接触過
程でこそ地方公務員がそのいわば体力や筋力を鍛えられるのであって、
そこから常識的な判断と全体の奉仕者性の発揮が可能になるという行
政事務に関するヒューマン・コントロールの重要性を実証できるのか
否かです。

⑵　個人に関する情報の保護要求とこれへの地方自治体の応答

①　個人情報保護法と番号法による規律の現状

　何度か住民の人権という語句を用いました。ここで話題を住民の人

権保障に移しましょう。住民の人権保障といっても、マイナンバー制度は、情報が帰属する個人にとっては、申請時において添付書類が省略される反面、情報提供ネットワークシステムで複数の組織を接続して情報連携が行われますから、情報連携が間違って行われないようにするなどの個人情報保護が主たる論点になります。

　番号法は、個人情報保護法等の一般的な個人情報保護制度が個人情報の利用と提供の要件を定めてこれらを制限するのに加えて、マイナンバー（「個人番号」）と「特定個人情報」という法律用語を新たに創造して、かつまたマイナンバーの利用主体や事務、特定個人情報の提供の場合であれば授受の主体と事務を、それぞれ別表第１および別表第２に定めています。しかも、同法９条が定めるマイナンバーの利用は、「できる」のであって、利用が義務づけられていません。個人情報保護法等の一般的な個人情報保護制度との関係での同法が、特別法の位置づけだと理解されていることは、前述（1⑵①）しました。

　ただし、別表第１および別表第２のいずれにせよ、たとえば健康保険に関する事務等までが法律事項ですが、具体的に健康保険のどのような事務（別表第２の場合は加えて特定個人情報）であるのかは、「主務省令で定めるもの」とされており、省令に委任されています。ここには、法の支配や法治主義といっても多義的ですが、国民代表議会である国会ができる限り定めるべきであって、主務省令に委任することの必要性や合理性は何かという問題があります。マイナンバー制度においては、ある種の行政国家化の現象が見られるように思われるところには、政治行政の関係や官僚制の変容といった興味深い論点があります。それはともかく、省令委任の必要性や合理性の問題がありますが、それでもマイナンバーに関しては、以上のように、個人情報保護法等の一般的な個人情報保護制度に加えて番号法が比較的詳しい規定を置いていると評価できます。

　マイナンバーカードに関しては、番号法は、「カード記録事項」（同法2条7項）を定めていますが、マイナンバーカードの「様式」および「有効期間その他個人番号カードに関し必要な事項」は主務省令で定められます（同法17条8項）。番号法カード省令は、たとえば交付申請書に添付する写真について、「申請前6月以内に撮影した無帽、正面、無背景のものとする」（同22条）と定めます。また、マイナンバーカードの交付方法（同23条の2）、有効期間（同26条）、再交付の申請等（同28条）といった比較的重要だと思われる事項も、番号法カード省令が定めています。

　マイナンバーカードの利用は、同法18条が定めていますが、マイナンバーカードの表面の利用方法の制限は定められていません。そこに記載され、表示されている情報は、氏名、住所、生年月日、性別および顔写真であって、マイナンバーが記載されていません。したがって、マイナンバーカードの表面に記載されている個人に関する情報を保護するのは、個人情報保護法等の一般的な個人情報保護制度であって番号法ではありません。とくに顔写真とそのデータは、顔認証の手段としても利活用の検討が進められていますが、個人情報保護法等の一般的な個人情報保護制度だけで十分であるのか否かが問われてよいでしょう。

　マイナンバーカードの裏面に関しては、ICチップに搭載される二種類の電子証明書の発行の申請は、番号法とは異なり公的個人認証法3条および22条がこれを定めます。ICチップの空き領域に国家公務員や地方公務員等の職員識別用のIDを搭載することも、番号法によって禁止あるいは条件が付されていません。

　最後に、マイナポータルは、前述（1(2)③）したとおり、番号法の附則が根拠規定を置くに過ぎません。このため、マイナポータルは、その一方では「ワンストップ」としての機能が「デジタル社会形成」に

おいて一層強化されるのでしょうが、他方ではマイナポータルのルールを整備するという観点からは、同法の附則では不十分であって法的規律も同時に強化されるべきでしょう。

　以上を要するに、マイナンバー制度を構成する第1の要素であるマイナンバーの利用は、番号法によって、個人情報保護法等の一般的な個人情報保護制度に加えて重層的に規律されていると評価できるとしましょう。しかし、第2の構成要素であるマイナンバーカードは、多数の個人情報が掲載され表示されるのですが、マイナンバーカードの利用方法に関するルール整備には課題があるように思われます。第3の構成要素のマイナポータルに至っては、その法的根拠をせめて番号法の章節のどこかに置くなどして、ポータルの機能についての立法的規律が強化されるべきでしょう。

②　個人情報保護を徹底する条例対応の可能性

　以上はごく簡単な粗描に過ぎませんが、個人に関する情報を保護するという観点からマイナンバー制度の問題点を検討するという課題があることだけは確かです。その違憲性が有力に主張されていますし[25]、違憲とまでただちに断言できないとしても、番号法の規律が及ばない情報について、個人情報保護法等の一般的な個人情報保護制度では不十分である点を摘出して、立法論や一般的な個人情報保護制度を適用する場合の論点を明確にするという法律問題があります。

　ところが、その個人情報保護法等の一般的な個人情報保護制度も、匿名加工情報や仮名加工情報の概念を創造することで個人識別可能性を抑制しながら、個人情報保護法の規制を緩和する傾向をも示すようになってきています。地方自治体が住民の個人情報保護を目的として条例対応を検討することが課題とならざるをえません。

25　各地で、マイナンバー制度が違憲であると主張する裁判運動が組織されています（マイナンバーいらないネット http://bango-iranai.net/suit/suitInfoList.php）。

　本書は、マイナンバー制度の個々の構成要素に即して、個人情報保護法等の一般的な個人情報保護制度の不十分な点を洗い出し、条例対応の可能性とともに法律と条例との関係を論ずるような、立ち入った考察をすることは到底できません[26]。しかし、その端緒として、本書が試みたように、マイナンバー制度を構成する三要素を分析して、第1の要素であるマイナンバー以外のマイナンバーカードとマイナポータルとの組み合わせに注意しながら、個人に関する情報がどのように収集され、解析され、そして利活用されようとしているのかを論ずることは、それほど難しいことではないと思います。

　たとえば、その第1の構成要素であるマイナンバーは番号法が特別の規律を定めていますが、マイナンバーとは異なる符号に置き換えれば、符号が含まれる個人情報は、形式的には番号法による特別の規律から外れることになり、個人情報保護法等の一般的な個人情報保護制度が適用されます。また、マイナンバーカードは顔写真の表示が必須であり顔データも搭載されますから、顔認証システムと個人情報保護といった問題は、マイナンバーカードの普及とともに必ず日本でも問題になるでしょう（海外の事例は、本書のⅡを参照してください）。そして、マイナポータルは、法的規律が最も弱いので、個人に関する情報の利活用も容易です。

　そこで、マイナンバー制度に対する住民からの不安や苦情を受けて、地方自治体は、住民とともに、番号法が規律できていない事項について条例対応が可能か否かを検討するとともに、マイナンバー制度を所管するデジタル庁や総務省に対しても、問題点を指摘し、必要に応じて法律による立法対応等の改善を要求すべきでしょう。まずは、住民

26　たとえば、庄村・中村前掲注10書52頁以下、人見剛「個人情報保護法制の法律による一元化と自治体条例」日本弁護士連合会情報問題対策委員会編『個人情報保護法改正に自治体はどう向き合うべきか─リセットされないための処方箋─』（信山社、2022年）14頁以下の「個人情報保護目的に特化した条例ルールの再構築の提案」を参照してください。

からの不安や苦情に対応する責務規定を、デジタル基本条例等の地方
自治体の条例に定めて、その後に事例の蓄積に学ぶというあたりから、
検討を開始してみてはいかがでしょうか。

⑶　もう一つの「世界観」の提示を目指して

　以上の⑴で述べたのは地方自治体の組織内部における課題で、⑵の
それは地方自治体の一応外部で住民の人権保障にとっての課題です。
最後に地方自治体と住民が一緒に取り組むべき課題は何かを提示する
ことで、本書の第Ⅰ部を終えたいと思います。

　国家施策の「デジタル社会」が、ただちにそのまま「形成」される
わけではありませんが、徐々に「形成」されてくるでしょう。しかし、
それと地方自治体の職員（地方公務員）の勤務関係や、住民が水平的に、
相互に形成する社会関係とは一致しないので、それぞれの地方自治体
の区域において、生活者でもありつつ日々労働する地方公務員と住民
の側にどのような意識が生まれてくるのかは、これが地方自治の実現
あるいは制約のいずれにせよ重要な条件になるでしょうから、注目に
値します。

　たとえば、オンライン申請等の入力や操作方法が容易には分からな
いので億劫になり、社会福祉給付等の「公共サービス」の敷居が高くな
っていないのか否かなど、それぞれの地方自治体の区域において、住
民の人権保障の水準が低下しないように、地方自治体の職員は、いわ
ばアナログ目線で住民と接する機会を増やして、そこで得られた生き
た経験をデジタル技術に反映させる努力を行っていただきたいと期待
しています。

　もう一段高度の段階においては、それぞれの地方自治体における行
政事務の何を、またどの部分をデジタル化して省力化する反面、地方
公務員が一層力を入れて取り組むべき事務を、公正な住民参加や協働
によって、明確にすることが望まれます。行政不服審査の裁決や行政

事件訴訟の判決を眺めていると、相変わらず理由提示の不備に関する争訟が少なくない様子で、研究者の側でも類似事例の判決文だけを比較するような判例研究を目にします。いずれにせよ重要性を有するのはもちろんですが、しかし、理由提示の内容に不備がないのか否かのチェックやどのような先例とのどのような違いがあるのかといった判決文（文字データ）の分析は、人でなければできないとまで断言できるでしょうか。

　生きた経験を得る機会の喪失にならないように慎重に注意しながら、住民と直接接しない、たとえば引用法令の正誤チェックといった法務技術的な要素を多く含む行政事務については、人工知能を積極的に利活用することもあってよいと思います。ただし、その場合であっても、公正な住民参加とともに長年の慣行や経験で専門性を獲得した行政事務のエキスパートである地方公務員の意見が尊重されるべきことは、いうまでもありません。

　そして、地方行政の窓口だけではなくて、不良な生活環境の発見すら不可能ではない一般ごみの収集や生命・健康に直結する水道管の管理といった住民の日常生活にとって不可欠の事務は、目視を要しない単純作業だなどと乱暴にひと括りにせずに、地方行政にとっての生きた経験を得る場としての意義が再評価されてよいとも思います。

　また、本来であれば多様な住民の多様な利害関係を反映できるはずの地方自治体の議会についても、住民との精神的距離の拡がりが懸念されています。地方自治体の長がテレビなどのマスメディアに登場し、あるいは政治的公平等の放送法が定める規範的要請が及ばないソーシャルメディアにて発言するのはしばしば目にしますが、地方議会も、公開して差し支えない議事であればインターネット配信するなど、地方議会を可視化する努力によって、住民と地方議会との精神的距離を縮小するといったアイデアもあってよいでしょう。

　いずれにせよ、それぞれの地方自治体が住民とともにデジタル自治体を構想し、そのいくつかの先端的な地方自治体がデジタル化のもう一つのモデルとなって、国に働きかけるようなボトムアップでのデジタル社会を形成する努力が試されているように思われます。まずは、地方自治体の職員や議員が、必要がなくとも生活者である住民と日常的に接する機会を増やして、地方自治体の側が日常的に、そのいわば体力や筋力を鍛えてほしいと願います。

　地道な取り組みを続けることによって、前述（図表8）したような「将来的な世界観」とは異なるもう一つの「世界観」を構想する好機でもあると、現状を悲観せずにポジティブに捉えるべきでしょう。国家施策が「デジタル社会」を「形成」するという「転形期」に生きる私たち一人一人に真に問われているのは、ポストデジタル社会に生まれてくる次の世代に何を残して伝えようとするのかの意志だと、私は思います。

Ⅱ　住民のためのデジタル化へ―海外の市民運動と自治体に学ぶ―

内田聖子

1　デジタルは万能薬か？

　2000 年代に一気に各国に広がった IT 技術は、産業・経済・社会および人々のライフスタイルにも大きな影響を及ぼしています。例えば、ビッグデータと AI（人工知能）・アルゴリズムによる行動予測が可能となったことで、購買履歴や SNS からのターゲティング広告が劇的に広がりました。また自動走行車や、金融、教育、保険など多くの分野で IT 技術の導入が進んでいます。2020 年の新型コロナウイルス感染拡大を背景に、遠隔教育や遠隔医療、非接触型の機器や IoT（モノのインターネット）も促進されています。

　国・自治体もこの潮流に直面しています。「自治体 DX（デジタル・トランスフォーメーション）」や「スマート自治体」「スーパーシティ」などの言葉が躍り、自治体による行政サービスをデジタル化する政策が国と企業の連携のもとで推進されています。2021 年 5 月に可決した「デジタル改革関連法」や同年 9 月に設置された「デジタル庁」などもその推進力の一つです。

　政府や財界は、デジタル技術を肯定的にとらえ（往々にして過剰に礼賛し）、私たちの暮らしや職場、産業イノベーションにとっての有益性を強調します。しかし、すでにデジタル技術をめぐっては、たとえばデジタル・デバイド（情報格差）やプライバシー侵害、監視技術による個人の管理、児童ポルノや SNS 上での人権侵害、サイバー攻撃など数々の課題が表出しています。またデジタル経済を牽引する巨大 IT 企業（代表例は米国の GAFA や中国の BAT）などによる市場の独占、課税逃れなど企業のあり方自体を問うべき問題も指摘されています。

　私たちはデジタル技術の利点を活かしながらも、これらの問題を防止し、対応するための可能な適切な規制や運用ルールをつくらなければならない時代に入ったことを、まず理解するべきでしょう。企業や政府のみが音頭を取るデジタル化ではなく、公共の利益や自治、民主主義に資するデジタル化をめざすようアジェンダを変え、市民や労働者、地域住民の参加と管理を強める必要があります。

2　地方自治を後退させるデジタル改革関連法

　先述の通り、2021年5月に当時の菅政権「肝入り」のデジタル改革関連法が可決・成立しました。同法案は、デジタル社会形成基本法案をはじめデジタル庁設置法案、預貯金口座登録法案など6法案を軸に合計63本に及ぶ巨大な「束ね法案」でした。しかし審議時間は衆院で27時間、参院で25時間と、十分な論議が尽くされたとは言い難いものでした。

　デジタル改革関連法のうち、自治体による行政サービスに直接影響を及ぼすのは「地方公共団体情報システム標準化法」(以下、標準化法)です。日本では約1700の自治体が、国が定めた基本事務に加え独自の行政事務（サービス）を行っています。例えば、住民税を独自の基準で減免したり、子どもや障がい者、高齢者の医療費の無料化、災害被災者の公共サービス料金負担の免除などです。いずれも地方自治の理念に基づき、自治体の規模・状況や住民のニーズに即したきめ細かな措置です。各自治体はこれら行政サービスを提供するため、住民基本台帳や各種税、健康保険、介護保険、児童手当、生活保護など住民に関するあらゆる情報を管理しています。センシティブな情報も含むこれら個人情報は、各自治体が独自のシステムとサーバーにて、個人情報保護条例にもとづき適切に管理しています。いわば自治体による自主・自律的な管理です。

　ところが今回可決した標準化法では、先述の基幹的なものを含む20の行政事務（17業務に、戸籍、戸籍附票、印鑑登録を追加）を共通の基盤で行うための「ガバメント・クラウド」を国が構築し、すべての自治体がこれを使用しなければならなくなります。国は、必要なアプリを企業に開発させ、ガバメント・クラウド上で運用させるという計画です。

　この問題点は何でしょうか。まず、国による一元的なシステム使用が義務付けられることで、これまで自治体が独自で提供してきた行政サービスが継続できなくなることへの懸念です。例えば、国によって「標準化」されたシステムに予め設計されていない措置を継続するためには、自治体が費用を負担して追加的にカスタマイズしなければなりません。そもそも、現状で問題なく運用しているシステムを捨て、政府指定の方法に移行しなければならないこと自体、自治体には相当の作業負担となります。しかも政府は移行目標を2025年までとしましたが、コロナ対策等で手一杯の自治体にとってまったく現実的ではありません。憲法で保障されている地方自治が後退する危険も極めて高いと言えます。

　2020年、政府は中央省庁のデータを横断的に保管するクラウドを導入しましたが、富士通やNTTデータなどの日本企業を排しこれを受注したのは、米国のアマゾン・ウェブ・サービス（AWS）でした。GAFAと呼ばれる巨大IT企業は世界中でビジネスを展開していますが、これら企業にとって自治体向けのクラウドサービス市場は、規模も大きく安定的な需要であるため「おいしい市場」として競争が激化しています。アマゾン・ウェブ・サービスをメインの受注先とした理由について、同社が世界的な市場で圧倒的なシェアを占めており日本企業より料金が安いからだと分析する報道もあります。先述のガバメント・クラウドもこうした外国企業が受注する可能性も高いでしょう。

3　デジタル改革関連法と同じ方向を向くスーパーシティ

　デジタル改革関連法の審議の約1年前の2020年5月、国家戦略特区の枠組みの中で「スーパーシティ」構想を実現する法改正もなされました。日本ではすでに2000年代から政府主導でスマートシティ計画が数十の自治体で推進されてきましたが、今回のスーパーシティはそれをさらに「包括的で」「強力な規制緩和をしながら」進めるものとなります。

　AIや各種技術を駆使して「未来都市」をめざすこの構想は、法改正後の2020年12月〜2021年4月まで全国自治体から公募がなされ、31の自治体が応募しました。各自治体の計画書を見ると、「遠隔医療」「遠隔教育」「ドローンやロボット技術によるスマート農業」「マイナンバーを行政・企業サービスとより密接に連携」などが描かれています。

　日本でのスーパーシティは応募した自治体のうち5つほどが選ばれるためすべての自治体に関係するわけではありません。しかしデジタル改革関連法とその方向性は一致しています。すなわち、「国による自治体へのトップダウンという手法」「自治体や公共サービスの市場化」です。スーパーシティ構想にも国内外の大手IT企業やコンサルタント企業がすさまじい勢いで参入し、莫大な利益を得ようとしています。

　スーパーシティ構想の法整備がなされた後の2020年7月、内閣府の主催で行われた自治体向けのシンポジウムの模様を見て驚きました。配布された資料「スーパーシティに関する重要な留意事項について（案）」には、住民投票で同意が得られたサービスは「住民全員の利用が原則」とされており「どうしても区域外への移転を希望する者が結果的に生じた場合、こうした者への支援などの配慮も検討すべき」と書いてありました。つまり、デジタル化を拒否したり、使うことができない人の権利への配慮はなく、「嫌なら出ていけ」と言わんばかりの内容なのです。また同構想の有識者会議の座長を務める竹中平蔵氏は、

「我々が見たことも聞いたことのないような大胆なアイデアを提案してほしい」と自治体にプレッシャーをかけました。さらに有識者会議委員の坂村健氏（東洋大学情報連携学部 INIAD 学部長）は、「『デジタルに追いつけない人のために紙での行政サービスも残そう』としている限り、デジタル化は進まない」と述べ、紙ベースの行政サービスの全廃を主張しました。これもまた、多様な住民の暮らしと、それに寄り添うきめ細かな行政サービスの否定です。

　さらに先述のように 31 の自治体がスーパーシティに応募した後の 2021 年 8 月、区域指定に関する専門調査会は選考プロセスの中で、「期待していたような大胆な規制改革の計画がない」とすべての自治体の計画を差し戻し、再提出をさせる事態になりました（2021 年 10 月に自治体は再提出）。

　自治体を丸ごとデジタル化しようという「スマートシティ」計画は、2000 年代以降、世界の多くの都市で進められてきました。その原動力は、大手 IT 企業や都市開発コンサルタント企業、インフラ企業、そして各国政府です。「スーパーシティ」構想の中で、日本政府はいくつかの都市を「モデル」としています。例えば中国・杭州市では AI・ビッグデータを活用した交通渋滞の緩和や、データ共通基盤を活用した多様なサービスが展開されています。これを実現させるのは、市内各所に設置された 4000 台以上の「道路ライブカメラ」と呼ばれる監視カメラと 2000〜3000 台のサーバーです。カメラでとらえたナンバーなどの映像は瞬時に AI で分析されます。そこで得られたナンバーなどの情報は当然個人が特定されるものですが、その管理はどうなっているのか、とりわけ中国では、個人のあらゆる行動がスコアリング（格付け）され、政府によって管理・監視されているという状況があります。こうしたことへの懸念や批判はなく、技術のみを評価しモデルにする方向性は間違っていると言わざるを得ません。

4　カナダ・トロント市では住民運動によって
　　グーグルのスマートシティが撤退

　一方、政府や大企業が進めるデジタル化に住民目線で抵抗し、自治と民主主義に根差したデジタル化を求める事例が海外でも増えてきました。

　カナダのトロント市では、2017年にウォーターフロント地区（12エーカー、約4万8500m²、東京ドーム1個分）にスマートシティをつくろうという計画が始まりました。同年10月、カナダ政府、オンタリオ州、トロント市でつくる事業主体「ウォーターフロント・トロント」が、グーグルの親会社アルファベットの子会社である「サイドウォーク・ラボ」社を再開発企業として選定。同社は、最新技術を駆使した木造建築、冬には暖かいタイルの歩道、ゴミを仕分けるロボット、地域のどこでもアクセスできるインターネット、交通量に応じて動く交通機関など、数々の計画を提案しました。地価が高騰しているトロントで、手頃な価格の住宅を設計することも計画に含まれていました。まさに環境に優しく、エネルギー効率の良いスマートシティを世界に先駆けて実現する、夢のようなプランでした。

　しかし、この計画の背後には、膨大な量のデータを地域の環境・住民から収集するという行為が含まれていました。街中に電子センサーを張り巡らし、人流や交通量、気象など個人が特定されないデータはもちろん、人々のスマートフォンを追跡し、買い物履歴から移動までが把握されるというわけです。開発計画が明らかになるにつれ、住民からは疑問や不安の声が高まりました。住民たちは「ブロック・サイドウォーク（直訳すると「歩道を封鎖せよ」ですが、事業を担う「サイドウォーク・ラボ社を止めろ！」の意味）という草の根グループを組織し、トロント市や同社に計画の詳細な説明を求める運動を起こしました。合言葉は「私たちはグーグルのモルモット（実験台）ではない」という

ものでした。住民は何度も自治体・企業の担当者に公開説明会を開か
せ、誰が、どのような目的で個人データを収集し、それがどのように
管理されるのかを問いました。すると次第に計画のずさんさが明らか
になっていったのです。

　最初は30数名から始まったこの運動は、国際的にも大きく注目され
るようになります。オンタリオ州の前プライバシー・コミッショナー
として知られるアン・カブキアン氏は「センサーは24時間動き続けて
個人が識別できるデータを収集し、人々はそれに同意したり拒否した
りする機会がない」として、サイドウォーク・ラボ社の相談役を辞任
しました。弁護士らがつくるカナダ自由人権協会は、トロント市に対
しプライバシー侵害の訴えを起こします。

　こうした動きの中で計画は遅々として進まず、そこに2020年、新
型コロナウイルス感染が世界に広がりました。日本を含め多くの国で
コロナ禍でのデジタル化が盛んに推進されましたが、トロント市では
真逆の結果になります。2020年5月、サイドウォーク・ラボ社は突
然、トロント市のスマートシティ計画からの「撤退」を表明したので
す。理由は、財政上の問題とコロナという予期せぬ事態のためとのこ
とでしたが、要するに大量の個人データ収集が予定通りに実行できな
ければ、そのデータを基にしたサービスやインフラが整備できず、企
業の収益にはつながらないため撤退するということです。

　結果的にトロント市は、2年以上もスマートシティの開発に投じて
きた資金（税金）を無駄にすることになりました。住民不在で計画が
進むことの危険を表す典型的な失敗事例だと言えます。道路や交通の
改善、住宅の供給、ごみ収集など、住民にとって必要な公共サービス
の改善は、大量のデータを収集しなければできないものでは決してあ
りません。建築批評家のアレックス・ボジコビック氏は、「トロント
からサイドウォーク・ラボ社が去った今こそ、スマートに（賢く）なろ

う」と題したコラムで、こう述べています。「私たちにとって朗報なのは、全方位のデジタル監視塔や複雑なこと抜きでも、サイドウォーク・ラボ社が示した基本的な問題は解決できるということです。」

なお、2000年代以降に世界の多くの都市で推進されてきたスマートシティ計画のうち、当初の計画通りに進んでいないケースも多く報告されています。

5　バルセロナでは住民主体のスマートシティが

住民主体・住民目線でのデジタル化を目指すのが、スペインのバルセロナ市です。人口約160万人、10の行政区からなる基礎自治体である同市は、2000年頃からスマートシティ計画に乗り出しました。当初の計画は、IT技術を活用した交通や行政・防災・エネルギーなどの都市基盤づくりであり、他都市のスマートシティと大差はなく、技術優先の姿勢には批判もあったといいます。

一方、バルセロナ市はさまざまな課題を抱えていました。2010年の欧州債務危機の影響で、貧困や格差が深刻化。特に「住まいの貧困」が深刻でした。住宅ローンを支払えない人が増え、また観光地として人気が高い同市では、アパートの家主が住民を追い出して観光客向けの施設や民泊に転換するという動きも多発していました（いわゆる、「ジェントリフィケーション」）。さらに緊縮財政のもと多くの社会サービスが縮小、民営化されていきました。

住民の暮らしから遠くなった市政に対し、住宅運動の活動家や経済学者、建築家、水道の再公営化を求める「水は命連合」という若者グループなどが合流し、2014年、「バルセロナ・コモンズ」という市民プラットフォームが組織されます。バルセロナ・コモンズは後に地域政党となりますが、最大の目的は、市政・選挙を民主化し、市民参加型にすることです。背景には政党政治への不信と、国家および欧州連

合という巨大な組織への反発がありました。市民たちは話し合いを重ね、市議会選挙の際に独自の候補者リストを作る取り組みを進めました。

　こうして迎えた2015年の市議会選挙で、バルセロナ・コモンズは多くの候補者を当選させ、みごと第一党の座を獲得。選挙名簿の筆頭（市長候補）であったアーダ・コラウ氏が市長の座に就きました。彼女は、貧困層への住宅支援活動を行なってきました。初の市民参加型選挙で、40代の女性活動家が市長に就くという、まさに画期的な結果でした。4年後の2019年市議会選挙でもカタロニア独立党と同数の議席を獲得し、現在二期目となっています。

　バルセロナ・コモンズ市政は住民本位の政策を実現していきます。例えば空き家が投機対象にならないよう大手不動産を規制する条例や、市立保育園や公営住宅の増設、水道はじめ公共サービスの再公営化です。自然エネルギーを供給する公営企業「バルセロナ・エネルギー」も設立しました。

　スマートシティ計画も大きく転換します。2015年、コラウ市長は、技術導入に重点が置かれていた計画の目標を根本から変え、「スマートシティのインフラを民主化する」というゴールを掲げたのです。市長はまず、市民が市政に参加するためのプラットフォームづくりに取り組みました。これは、「デシディム（Decidim、カタルーニャ語で「私たちが決める」の意味）」というデジタル参加型プラットフォームです。市民は、市のウェブサイト上にあるデシディムにアクセスし、さまざまな提案ができます。提案に対して他の市民がグループ討論を組織したり、賛成・反対の意思表示をすることもできます。提案を政策提言に練り上げるために必要な各種統計データも、データベースから簡単に閲覧できます。

　市民によって練られた提案は、最終的に市議会に提案され、議論さ

れます。市議会での議論もデシディム上で詳しくチェックできるため、自分たちが出したアイデアがどのように自分たちに返ってくるのか、すべてのプロセスが可視化されています。例えば、ある市民は、「市内のビルの屋上に農園をつくれば、市内の緑化にもつながるし、食べ物を自分たちでつくることができる」と提案しました。賛否を含めて多くの反応があり、議論の末に正式な提案として市議会に諮られることになりました。審議の結果これを推進するための条例が実現し、市内の多くのビルの屋上に農園がつくられるようになりました。

　この他にも、新たなホテルの許認可をめぐる問題や、路面電車の建設、手頃な価格の住宅、持続可能なエネルギーへの移行、大気汚染の改善、公園など公共スペースの拡充空間など市民に身近なテーマが提案されています。

　ここで重要なポイントとなるのが、市民からの提案を実現するための市の予算です。年単位で決められている予算から、市民の提案にその都度予算を付け替えることは困難です。しかしバルセロナ市には「参加型予算」という仕組みがあります。市の予算のうち一定金額を参加型予算として予め確保しておき、市民が提案する政策に配分していくというものです。近年、ヨーロッパの自治体では参加型予算が広がっており、充てられる予算額は少なくも、住民の参加と責任、自治の意識を高めるしくみとして高い効果を出しています。バルセロナ市では、2015 年以降の 4 年間で 4 万人以上がデシディムを通じて意見提案・議論への参加をし、1 万件以上の提案が出されました。そのうち約 1500 の提案が市議会で採択されています。

　もう一つの重要なインフラが、データ主権を実現するためのしくみです。トロント市の事例のように、スマートシティ計画では、さまざまな形で収集されたデータの取り扱いが常に課題になります。「データ」には、気象や地理データや交通量・人量データ、そして個人が特

定されるデータまで含まれますが、住民は当然、個人情報が把握され、流出・悪用される危険に対して懸念しています。

　EUでは、GAFA台頭への対抗戦略として、またデジタル社会で個人のプライバシーを保護するための政策として、EU一般データ保護規則（GDPR）などの規制強化を行なってきています。その延長上の取り組みが、2017年に欧州委員会が始めたDECODE（DEcentralized Citizens-owned Data Ecosystem 脱中央集権・市民所有型データエコシステム）プロジェクトです。DECODEは、オンライン上で生成される個人情報の蓄積・管理、運用に関して、市民自らが個人データの秘匿や共有をコントロールできるようにするしくみです。

　例えば、現在ではスマホの位置情報などを用いれば、個人がいつどこからどこまで移動したのかという情報は容易に把握・追跡することができます。しかし行先や経路は個人のプライバシーに関わる情報でもあります（例えば米国では、ある人が行った宗教施設や、LGBT関連の集会などの情報が警察に把握されプロファイリングされていたケースもあります）。DECODEは、自分の移動データについて、「公共交通機関には開示するが、保険会社や広告会社には非開示にする」というように自分の意志によって選択できるしくみを提供します。あるいは市に請願等を出す際、市民は規約で求められる居住場所の情報のみ提供し、匿名で請願を出すことも可能になります。その際の大原則は、「個人データは企業や政府のものではなく、それを持つ人自身のものである」という「データ主権」の思想です。

　2018年11月、バルセロナ市はアムステルダム、ニューヨークとともに「デジタル権利のための都市連合」を設立（現在、世界の50以上の自治体が参加）。またアムステルダム市とともにDECODEの実証実験都市となりました。

　自分自身の情報をコントロールするということは、市民の側にもリ

テラシーや技術への理解が必要となり、決して簡単なことではありません。企業の提供するアプリに何でも任せていた方が楽だからです。しかし、バルセロナ市は、デジタル資本主義を適切に規制し、安全で公共性の高い空間を広げるため日々努力しています。参加型民主主義やデータ主権などを基礎に置き、その上で個別の技術（渋滞緩和のためのスーパーブロック、スマートパーキング、センサーによるごみの管理や下水道の自動運転等々）を実装していっています。

　バルセロナ市は、自身を「フィアレスシティ（Fearless City／恐れない自治体)」と定義し、国家や EU、大企業など巨大な権力機構と闘っても住民の暮らしを優先する政策を実行すると宣言しました。2016 年、同市は「フェイアレスシティ」の国際ネットワークを呼びかけました。2017 年 6 月に第一回目の会合が同市で開催された。40 ヵ国、五大陸から 180 以上の自治体が参加し、経験の共有や戦略についての議論を行ないました。

　バルセロナ市のスマートシティは、私たちに多くのことを示唆しています。技術の導入は目的ではなく、むしろ民主主義を拡充するための一つのツールに過ぎないこと、国や大企業が持ち込む利益追求や監視社会化に対して、自治体は住民に必要な住まいや福祉、健康、環境を守る盾となるべきことなどです。さらに参加型民主主義によって、市民が政治に参加し、議員や首長を誕生させていくことの重要性です。日本でいま進むスーパーシティ計画をこれらの実践に照らして厳しく評価し、技術だけを取り入れようとする表面的な都市開発には NO を言わなければなりません。

6　米国では BLM 運動を背景にした自治体による　監視技術禁止条例が

　世界のデジタル市場を独占する GAFA を有する米国では、近年、自

治体・コミュニティによるデジタル技術の規制の動きが加速化しています。背景には、連邦および州・自治体警察権力による監視技術を用いた不当な捜査、特に黒人や不法移民に対する人権侵害が多発していること、住民のプライバシー侵害などの事実があります。

　例えば、米国では過去の犯罪歴などからAIが「捜査重点地域」を割り出し、その地域には多くの警察官が配備されることが一般化しています。黒人や移民コミュニティが指定されることが多く、当然その地域での検挙数は増えます。するとAIはそれをさらに「学習」し、延々とその地域は「捜査重点地域」に指定されてしまうのです。また米国の一部の州では、AIの「再犯予測アルゴリズム」を使用し、裁判官はその結果を参考に保釈金額や量刑を決定しています。被告人の犯罪歴など様々なデータを基に再犯予測値をはじき出すのですが、このとき、他の条件は同じであっても黒人が白人よりも「再犯率が高い」と間違って判定される割合が高いことが明らかになっています。センサーによる顔認識技術では、有色人種の女性を誤認識してしまう傾向が強いことも実証されています。いわゆるAIによる差別の事例です。

　2019年5月14日、カリフォルニア州サンフランシスコ市監理委員会（市議会に相当）は、市の公共機関による顔認識技術の使用を禁止する条例案を可決しました。GAFAをはじめ多くの巨大IT企業の本社があるカリフォルニア州で可決されたこの条例は、米国の自治体としては初めて画期的なものでした。

　条例づくりに尽力してきたアメリカ自由人権協会（ACLU）北カリフォルニア支部のマット・ケイグル氏は、「健全な民主主義と顔認識は相容れません。住民は、監視技術に関する決定に発言権を持つべきです。顔認識技術は、人々の日常生活を追跡するという前例のない力を政府に与えるものです。今回の条例は、この危険な技術の拡大を防ぐための実に前向きなものです」と成果を語っています。

　私たちの身体や行動の特徴を用いて個人を識別する技術は、「生体認証（バイオメトリクス）」と呼ばれます。指紋はその最も古いものですが、近年は顔認識や掌紋（手のひら）、静脈、音声（声紋）、目の虹彩、眼球血管、耳形（耳介）、耳音響、そして DNA と、その範囲は驚くほど広がり、パソコンやスマホのロック解除や銀行決済、国際空港やスタジアムなどで実用化されています。

　顔認識技術の用途は、①本人同意に基づき 1 対 1 の照合が行われる場合（スマホや PC のログイン、空港のゲート、ビルの入退館など）、②警察などが事前に犯罪容疑者の顔写真のデータベースを作成した上で、犯行現場などで取得した容疑者の顔と照合する場合、③公共空間などで本人の同意なく、不特定多数の人の顔を情報として入手し、管理する場合（警察による収集や、企業によるリピート顧客分析など）です。特に③の用途におけるプライバシー侵害などが懸念となっています。

　サンフランシスコ市議会は、条例可決にあたり次のように結論づけました。

　「監視技術は我々のプライバシーを脅かす可能性があり、監視の取り組みは、歴史的に人種、民族、宗教、国籍、収入、性的指向、政治的見解によって定義されるものも含め、特定のコミュニティやグループへの威圧のために用いられました。顔認識技術が市民の権利や自由を危険にさらす傾向は、その主張されている利益よりもはるかに大きく、その技術は人種的な不正義を悪化させ、継続的な政府の監視から自由に生きる私たちの能力を脅かします。」

　条例は、市の公共機関が顔認識技術によって情報を取得し、保存し、アクセスすること、またその使用を違法としました。これにより、市の警察や交通当局、法執行機関は顔認識技術を使えなくなります。ただし企業や個人、連邦政府機関には規制は及ばないため、国際空港や連邦政府の法執行機関による顔認識技術の使用は禁止できません。

　米国では監視技術の開発企業が多数あり、警察や法執行機関の捜査方法を変化させてきました。顔認識、ドローン、ナンバープレート・リーダーなどを通じて大量のデータが収集される中で、警察当局による有色人種や市民活動家の監視や運動への弾圧、移民への過剰な拘束・管理が顕著になってきました。

　これに対し、市民・住民からは監視技術への怒りと批判が高まり、地域コミュニティの運動が自治体を動かす力になっています。サンフランシスコ市条例制定運動には、移民コミュニティの活動家、弁護士、大学生、ホームレス支援団体、貧困層への住宅支援団体、そして自治体議員など多様な層の人々が参加しました。

　サンフランシスコ市に続き、2019年6月にはマサチューセッツ州サマービル市議会が顔認識技術の禁止条例を可決しました。9月にはオークランド市、10月にはバークレー市、12月にブルックライン市、ノーザンプトン市、2020年1月にはケンブリッジ市というように続きます。2021年11月現在、約20の自治体（州を含む）が顔認識を禁止・規制し、準備中の自治体も多数あります。象徴的なのは、ミネソタ州ミネアポリス市です。同市は、ジョージ・フロイドさんが殺害された場所ですが、ブラックライブズ・マター（BLM）運動の世界的な拡大と並行して、同市の市民は顔認識技術の使用禁止条例を強く、切実に求めてきました。そしてついに、フロイドさんの死から約9ヵ月後の2021年2月、ミネアポリス市議会は顔認識を禁止する条例を、全会一致で可決したのです。自治体・コミュニティの力を中心に据えた米国市民社会の運動の底力と言えるでしょう。

7　デジタル化万能に傾く政府の方針

　2021年6月に閣議決定された「経済財政運営と改革の基本方針2021」（いわゆる骨太の方針）では、「日本の未来を拓く4つの原動力」として、

「グリーン」「デジタル」「活力ある地方創り」「少子化対策」が挙げられています。まず指摘しておかなければならないのは、コロナ感染への国・自治体の対応の不備、コロナ禍で多くの人が直面している経済苦など、多くの問題点が明らかになっているにも関わらず、その現実とかけ離れた政策の数々が骨太の方針に記載されている問題です。方針では、「今回の感染症は我々に大変厳しい試練を与えている一方で、デジタル技術を活用した柔軟な働き方やビジネスモデルの変化、環境問題への意識の高まり、東京一極集中が変化する兆しなど、未来に向けた変化が大きく動き始めている」とあります。あたかもコロナ禍という苦境も、デジタル化によって乗り越えられるという印象を与えようとしているようです。

　事実、「コロナ給付金の遅れはデジタル化が十分でないからだ」「ニューノーマル時代にはデジタル化が不可欠」「人口減少する日本では民間のIT技術・資金によって公共サービスを提供するしかない」などの言説がまことしやかに語られています。自治体行政における狭義のIT化の必要性は否定しませんが、問題の本質はデジタル化では解決しません。コロナ対策で必要なのは科学的根拠に基づく政策と医療体制の拡充・医療資源の分配であり、「人口減少」は、男女平等や子育て支援の実現、産業政策全体の改善がなければ解決しません。農業や地域経済の活性化のためには、貿易・食料政策・農政の転換が必要です。こうした問題のすり替えを私たちは厳しく批判していかなければなりません。

　その上で、各分野の現場では、デジタル化が必要な部分とそうでない部分をしっかりと切り分けていく必要があります。たとえば医療現場では、電子カルテやオンライン問診票、オンライン診察、さらに医療情報システムの構築など多岐にわたる技術がすでに導入されています。これについては、現場での人手不足や技術への知識・経験不足な

どが大きな課題です。また患者との医療者の構造的な関係も課題になります。デジタル化は、データやシステムを「持つ側」「管理する側」と、「データを提供する代わりにサービスを受ける側」の間に支配関係を生みだします。また医療行為のどこまでに AI やデジタル技術を使うべきか（例えば手術ロボットなど）には倫理的・法的な課題もあります。患者のプライバシーが守れているのか、患者や働く人たちに不安や不信を抱かせていないか、医療という行為のもつ人間性を阻害してはいないか、など多角的な検証が必要です。

　このとき、国や企業任せではなく、現場の労働者や自治体職員、市民がデジタル技術の長所と短所について学び、本当に必要なものを採用していくための民主主義的な意思決定が重要です。そのためにも、技術についてわかりやすく伝え、現場の負荷を軽減するような媒介者が必要ではないでしょうか。私案では市民目線の「ソーシャル・テクニカル・ワーカー」（社会的技術士）と呼べるような、現場のスタッフと企業・行政の間を橋渡しする役割です。デジタル化を民主主義的なガバナンスのもとで実行していくための政策と運動がいま求められています。

〈著　者〉

稲葉一将（いなば　かずまさ）

名古屋大学大学院法学研究科教授。

公法学・行政法学が専門で、2012 年 4 月から現職。

主な著作：市橋克哉ほか『アクチュアル行政法第 3 版』（法律文化社、2020 年）、本多滝夫ほか編著『転形期における行政と法の支配の省察』（法律文化社、2021 年）、「1990 年代の行政改革による官僚制の変容と課題」晴山一穂ほか編著『官僚制改革の行政法理論』（日本評論社、2020 年）3-19 頁、「行政のデジタル化と個人情報保護」白藤博行編著『デジタル化でどうなる暮らしと地方自治』（自治体研究社、2020 年）41-52 頁、「コロナ危機と公法学の行方」法学セミナー 794 号（日本評論社、2021 年）56-62 頁、「地方行政デジタル化の特徴と課題」自治と分権 84 号（大月書店、2021 年）23-32 頁など。

内田聖子（うちだ　しょうこ）

NPO 法人アジア太平洋資料センター（PARC）共同代表。

自由貿易・投資協定の動向を追いかけ、政府や国際機関への提言活動などを行っている。

主な著作：「自由貿易は人びとの健康・食・主権を守れない」『コロナ危機と未来の選択：パンデミック・格差・気候危機への市民社会の提言』（コモンズ、2021 年）83-94 頁、「知的財産権偏重で持続性は守れるか」『どう考える？種苗法：タネと苗の未来のために』（農山漁村文化協会、2020 年）80-86 頁、「世界の水道民営化の三〇年」『日本の水道をどうする⁉：民営化か公共の再生か』（コモンズ、2019 年）11-49 頁など。世界 2022 年 1 月号〜「デジタル・デモクラシー：ビッグテックとの闘い」（岩波書店）を連載中。

デジタル改革とマイナンバー制度
―情報連携ネットワークにおける人権と自治の未来―

2022 年 4 月 20 日　　初版第 1 刷発行

著　者　稲葉一将・内田聖子

発行者　長平　弘

発行所　㈱自治体研究社
〒162-8512 東京都新宿区矢来町 123 矢来ビル 4 F
TEL：03・3235・5941／FAX：03・3235・5933
http://www.jichiken.jp/　E-Mail：info@jichiken.jp

ISBN978-4-88037-739-1 C0031

DTP：赤塚　修
デザイン：アルファ・デザイン
印刷・製本：モリモト印刷㈱

自治体研究社 ────────────

デジタル改革と個人情報保護のゆくえ
──「2000 個の条例リセット論」を問う

庄村勇人・中村重美著 　定価 990 円

デジタル改革関連法成立により、個人情報は利活用する方向へと舵がきられ、個人情報保護条例は国に合わせて改正を強いられる。住民の権利を守るための条例の論点を考える。

自治体 DX でどうなる地方自治の「近未来」
──国の「デジタル戦略」と住民のくらし

本多滝夫・久保貴裕著 　定価 935 円

国のデジタル戦略と自治体 DX の内容を分析し、デジタル改革関連法が自治を奪うという観点に立って自治体からの改革案を考える。

デジタル化でどうなる暮らしと地方自治

白藤博行・自治体問題研究所編 　定価 1540 円

自治体の戸籍・税務・健康保険など、現場の実務にそって、行政デジタル化の問題点を考える。

「公共私」・「広域」の連携と自治の課題
[地域と自治体第 39 集]

榊原秀訓・岡田知弘・白藤博行編著 　定価 2530 円

第 32 次地制調の答申を受けて、国が進めている地方自治制度再編の動きはどうなるのか、自律・自治の自治体論の観点から考察。

公共サービスの産業化と地方自治
──「Society 5.0」戦略下の自治体・地域経済

岡田知弘著 　定価 1430 円

公共サービスから住民の個人情報まで、公共領域で市場化が強行されている。変質する自治体政策や地域経済に自治サイドから対抗軸を示す。

「自治体戦略 2040 構想」と地方自治

白藤博行・岡田知弘・平岡和久著 　定価 1100 円

「自治体戦略 2040 構想」研究会の報告書を読み解き、基礎自治体の枠組みを壊し、地方自治を骨抜きにするさまざまな問題点を明らかにする。